Im 13. Band der »Lebensbilder« erzählt der Autor, der wohlbehütet als Kaufmannssohn in Rotterdam aufgewachsen war, aus der Chronik seiner Familie und spannt dabei den Bogen von antisemitischen Verfolgungen, denen seine Familie im Laufe der Geschichte ausgesetzt war, zu seiner eigenen Lebensgeschichte.

Der Autor wird 1939 Soldat in der holländischen Armee und arbeitet später im Judenrat von Amsterdam. Am 30. März 1943 werden er und seine Frau von der Gestapo verhaftet und in das Durchgangslager Westerbork im Nordwesten der Niederlande verschleppt. Dem gefürchteten Transport nach Auschwitz können die beiden zunächst entgehen. Im Februar 1944 werden sie gemeinsam nach Theresienstadt deportiert, von wo Siegfried van den Bergh ein halbes Jahr später dann doch nach Auschwitz transportiert wird.

Im Krankenrevier des Außenlagers Gleiwitz überlebt er dank des Mutes seines Schwagers, der sich dort als Arzt um ihn hatte kümmern können. Befreit wird er schließlich im 30 km entfernten Lager Blechhammer, in dem die SS während eines Todesmarsches Kranke zurückgelassen hatte. Auf einem langen Umweg, der ihn durch halb Ostmitteleuropa führt, erreicht Siegfried van den Bergh seine Heimatstadt Amsterdam. Hier trifft er seine Frau wieder, die ebenfalls in Auschwitz und anschließend in Mauthausen überlebt hatte.

Siegfried van den Bergh, geboren 1912, Dr. rer. pol., wuchs in Rotterdam als Sohn eines Weinhändlers auf. Nach seinem Studium der Wirtschaftswissenschaften arbeitete er als Angestellter in einer Großbank und später bei einem Wirtschaftsprüfer. Nachdem die Deutschen 1940 in Holland einmarschiert waren, wurde der Autor 1941 Mitglied des Judenrates von Amsterdam. 1943 begann sein Weg durch die Konzentrationslager Westerbork, Theresienstadt und Auschwitz.
Nach der Befreiung und einem abenteuerlichen Heimweg durch die Wirren der letzten Kriegsmonate kehrte er nach Amsterdam zurück.
Siegfried van den Bergh arbeitete später als Finanzberater in Holland. Er lebt heute in der Nähe von Amsterdam.

Lebensbilder

Jüdische Erinnerungen und Zeugnisse

Herausgegeben von
Wolfgang Benz

Siegfried van den Bergh

Der Kronprinz von Mandelstein

Überleben in Westerbork,
Theresienstadt und
Auschwitz

Herausgegeben von
Frauke Meyer-Gosau

Fischer Taschenbuch Verlag

Die Zeit des Nationalsozialismus
Eine Buchreihe
Herausgegeben von Walter H. Pehle

Originalausgabe
Veröffentlicht im Fischer Taschenbuch Verlag GmbH,
Frankfurt am Main, Juli 1996

Gesamtherstellung: Clausen & Bosse, Leck
Printed in Germany
ISBN 3-596-13141-3

Gedruckt auf chlor- und säurefreiem Papier

Inhalt

Vorwort

1

Wie läßt sich die eigene Biographie erzählen? Wie groß, wie wichtig ist im Verlauf der Lebensgeschichte eines einzelnen der Anteil eigener Absichten und Anstrengungen? Oder wie sehr ist sie andererseits determiniert und fragmentiert von äußeren Einflüssen, von historischen, politischen und sozialen Bedingungen, auch von der familiären Vorgeschichte? Welche Rolle spielt der Zufall? Und gibt es trotz alledem eine Kontinuität in der Entwicklung des eigenen Lebens, eine nachvollziehbare Stringenz – einen Sinn womöglich?

Als der dreiunddreißigjährige Ökonom Siegfried van den Bergh im Frühsommer 1945 in das holländische Städtchen Bussum zurückkehrte, interessierten ihn abstrakte Fragen dieser Art wohl zuallerletzt. Als Überlebender des Konzentrationslagers Auschwitz, wohin er im September 1944 nach Aufenthalten im holländischen Lager Westerbork und in Theresienstadt deportiert worden war, und nach einer abenteuerlichen Odyssee durch Osteuropa seit dem Februar 1945, war es ihm gelungen, sich als kranker Mann via Odessa, Marseille und Paris nach Hause durchzuschlagen. Nach Hause? Das gab es nicht mehr. Siegfried van den Bergh läutete bei Freunden seiner Schwiegereltern. Bei ihrer Trennung in Theresienstadt hatte er mit seiner Frau dieses Haus als ihren Treffpunkt ausgemacht, nun mußte er warten. Aber wie stellt man das an? Wie wartet man, wenn man sich darauf gefaßt machen muß, womöglich als einziger aus der Familie den Holocaust überlebt zu haben? Wenn man davon ausgehen muß, daß alles Warten vergeblich sein wird?

Siegfried van den Bergh fand im Gästezimmer in Bussum ein leeres Heft, das begann er vollzuschreiben. Er versicherte sich dessen, was er erlebt hatte. Er wollte nichts vergessen, und nichts sollte vergessen werden. Den Schrecken durch Schreiben zu bannen, indem man ihn namhaft macht: eine Möglichkeit, nun auch das Warten zu überleben.

Er zeichnete die Erfahrungen auf, die er in den Nazilagern gemacht hatte, noch ohne allen Abstand, ganz unter dem Eindruck der Ereignisse und Bilder und ohne irgendeine Gewißheit über sein künftiges

Leben. Bereits 1945 erschienen diese Erinnerungen in Holland in einem schmalen Band. Dreißig Jahre später wurden sie noch einmal zum Stoff, nun zu begreifen als nur ein – wenngleich einschneidender, alles von Grund auf verändernder – Teil der Geschichte des eigenen Lebens, die wiederum als Teil der Geschichte einer Familie zu sehen war. Siegfried van den Bergh, inzwischen Pensionär, machte sich an ein autobiographisches Schreib-Projekt. All die Fragen und Zweifel, mit denen zunächst die Schreibenden selbst, danach aber auch ihre Leser authentischen Lebensberichten begegnen, haben darin keine erkennbare Rolle gespielt. Und doch eröffnet die wahre Geschichte des »Kronprinzen von Mandelstein« einen ganzen Kosmos von Einsichten über das Zustandekommen einer Lebens-Geschichte. Denn allerdings, das kann man hier lesen, übersteigen historische und politische Begebenheiten die Absichten des einzelnen und überformen seinen Lebensplan zuzeiten auf eine Weise, gegen die kein Wünschen und kein Handeln mehr hilft. Und doch sind die eigenen Handlungen und Wünsche zuletzt das einzige Mittel, sich dieses Leben nicht nehmen zu lassen und ihm eine Richtung zu geben. Wie diese Energie, sich den Verhältnissen nicht zu ergeben, sich aus Quellen speist, die wiederum vor dem individuellen Leben, in der familiären Vorgeschichte liegen, und wie auch diese wieder von der Geschichte ihrer Zeit bestimmt wurde, zeigt Siegfried van den Berghs Biographie eines holländischen Juden in diesem Jahrhundert: Biographie als Ausdruck und Fortschreibung überindividueller Geschicke – und zugleich als ›neuer Text‹.

2

Am Anfang steht auch hier die Erfahrung der Verfolgung. Eine Familienchronik aus dem Jahr 1908 rekapituliert die Geschichte der Familie van den Bergh seit den Anfängen des 18. Jahrhunderts. Vor antisemitischen Pogromen, nimmt der Chronist an, flüchteten sich zu dieser Zeit deutsch-jüdische Familien in die unwirtliche, wenig besiedelte Gegend Nordbrabants und begannen im liberalen Holland ihren gesellschaftlichen und materiellen Aufstieg. Zu Beginn des 20. Jahrhunderts sieht man ihre Nachfahren in der blühenden Handels- und Hafenstadt Rotterdam als erfolgreiche Industrielle der Nahrungsmittelbranche.
Der andere Zweig der Familie, dem Siegfried van den Bergh entstammt, tut sich schwerer. Hier bleibt der geschäftliche Erfolg in der

industriellen Verarbeitung textiler Materialien zunehmend aus, dennoch können die Söhne als Arzt, Anwalt und Kaufmann reputierliche Positionen in der Amsterdamer Gesellschaft einnehmen, die Töchter sich gut verheiraten.

Gegenüber diesen Vertretern eines emanzipierten westeuropäischen Judentums kommt mit Leib Mandelstein aus Botosjani in der Bukowina ein ganz anderer Zug in diese Familiengeschichte. Während die van den Berghs seit gut zweihundert Jahren von antijüdischen Exzessen verschont geblieben sind und der Antisemitismus für den Autor der Familienchronik nur mehr ein historisches Thema ist, ist der Gastwirtssohn Mandelstein vor den aktuellen rassistischen Ausschreitungen und Schikanen in seiner Heimat geflohen. Nach einer Irrfahrt durch Südosteuropa gelangt er über Deutschland im Jahr 1908 nach Rotterdam. Er hat kein bestimmtes Ziel, er will nur irgendwo bleiben und sein Auskommen finden können, sei es in Amerika oder Kanada, sei es in Holland.

In lebendigen Szenen ruft Siegfried van den Bergh ins Gedächtnis, wie diese beiden Stränge jüdischen Lebens in Mitteleuropa sich in Gestalt des Leib Mandelstein aus Rumänien und des Maurits van der Bergh aus Amsterdam über die Tochter des Schiffsbedarfshändlers Perelaar in Rotterdam miteinander verflechten. Noch einmal nimmt hier in einer von religiöser Toleranz bestimmten Gesellschaft eine Geschichte ökonomischen wie gesellschaftlichen Aufstiegs und Erfolgs ihren Anfang. An deren Ende aber wird, nicht einmal ein Vierteljahrhundert später, zuerst der persönliche und geschäftliche, dann schließlich auch der politische Niedergang stehen. Mit dem Jahr 1940 zieht auch in Holland der terroristische Antisemitismus ein, greift die deutsche Maschinerie zur Ausrottung der europäischen Juden auch hier.

Der »Kronprinz« seines Paten, des rasch zu Vermögen und Ansehen gelangenden Wein- und Spirituosenhändlers Leib Mandelstein, der 1912 geborene Siegfried van den Bergh, macht all diese familiären wie gesellschaftlich-politischen Bewegungen vornehmlich als Objekt der Handlungen anderer mit: vom wohlbehüteten Erstgeborenen begüterter Eltern und Musterschüler am Rotterdamer Elite-Gymnasium über den zunehmenden Verfolgungswahn seiner liebesunfähigen Mutter bis hin zu den geschäftlichen Desastern eines seinerseits ebenfalls paranoisch werdenden Vaters, der als Bankrotteur endet und früh, 1933, stirbt. Der inaugurierte »Prinz« eines Weinhandels-Imperiums hat Mühe, sich als Bürger zu behaupten.

Als dann jedoch die deutsche Macht- und Rassenpolitik in sein Leben eingreift, kann auch dies nicht mehr gelingen. Von einem zionistisch und sozialistisch gesinnten Vorgesetzten eben noch als »Kapitalist« und »Assimilant« geschmäht, der seine jüdische Identität verleugne, wird der junge Mann mit dem Vornamen aus der germanischen Heldensage ab 1941 mit seinem Jüdischsein unausweichlich konfrontiert: Er wird »Sternträger«, verliert Wohnung und Besitz, darf seinen Beruf nicht mehr ausüben und wird 1943 schließlich gemeinsam mit seiner Frau ins Lager Westerbork gebracht.

Der junge van den Bergh hat im Laufe seiner Lebensgeschichte gelernt, auf die Autoritäten zu sehen, auch: sie sich genau anzusehen. Die gestürzte Autorität des Onkels Leib, der verdächtig ist, die Mutter zu einem sexuellen Verhältnis gezwungen zu haben, die Lehrer in der Schule und ein einflußreicher Professor an der Hochschule für Ökonomie, die Bankdirektoren, die seinem Vater weitere Kredite verweigert haben, und nicht zuletzt der jüdische Chef, der ihm fristlos kündigt, weil er als Reserveleutnant der Mobilmachung gegen die deutschen Invasoren gefolgt ist, statt den Bürobetrieb aufrechtzuerhalten – sie alle haben ihn, im Guten wie im Bösen, gelehrt, dem Augenschein nicht zu trauen und jedenfalls mit ihrer Position keine persönlichen Hoffnungen mehr zu verbinden. Aufmerksamkeit und Beobachtungsgabe sind das Resultat dieser lebensgeschichtlichen Lektion.

Sie kommt Siegfried van den Bergh in den Jahren, die nun folgen, zustatten, und von ihr profitiert schließlich auch sein Bericht. Denn der Blick, der hier die Population der verschiedenen Lager erfaßt, sieht auf Differenzierung, und so erscheint ein Bild der hierarchischen Ordnung auch unter den Häftlingen, recht eigentlich einer Klassengesellschaft, die die Positionen aus dem früheren bürgerlichen Leben umstandslos in der internen Häftlingsordnung der Lager Westerbork und Theresienstadt fortschreibt, bis in Auschwitz dann nur noch der Unterschied zwischen SS-Mann, Kapo und Häftling gilt.

Ihren Ausdruck finden diese Statusunterschiede zunächst in Westerbork in den verschiedenen Listen, die die Lagerinsassen untereinander privilegieren, indem sie darüber bestimmen, wem die Deportation nach Polen erspart bleiben soll. Da gibt es die »Puttkamer«-, die »Callmeyer«- und die »Weinreb«-Liste, jeweils benannt nach Personen, die sich aufgrund ihrer guten Beziehungen zu den Deutschen und, notabene!, für viel Geld ihren Schutzbefohlenen gegenüber dafür verbürgen, daß sie der Vernichtung entkommen werden. Da gibt es die »Barnevelders«, die gesellschaftlich führenden holländisch-jüdischen

Kreise, die anfangs auf einem Schloß im Städtchen Barneveld interniert wurden, bevor sie nach Westerbork und von dort aus dann nach Theresienstadt verbracht wurden. Sie standen unter dem Schutz zweier einflußreicher Staatssekretäre in Den Haag, die mit den deutschen Besatzern kollaborierten und dafür sorgten, daß die auf dieser Liste Geführten tatsächlich bis zum Ende in Theresienstadt blieben. Privilegiert vor den einfachen Insassen in Westerbork waren auch die sogenannten A.K.s (»Alte Kamp-Insassen«), deutsche Juden, die vor den Nationalsozialisten nach Holland geflohen und bereits seit 1939 in Westerbork interniert waren. Dort hatten sie schon eine Infrastruktur ausgebildet, als nach 1940 immer mehr holländische Juden ins Lager kamen. Aufgrund enger Kontakte mit der deutschen Lagerleitung bestimmten sie im Range von Dienstleitern im wesentlichen die Vorgänge, darunter nicht zuletzt die Zusammensetzung der Transporte.

Wie die »Portugiesen«-Liste, auf der Juden portugiesischer und spanischer Abkunft geführt wurden, hielten jedoch auch die meisten anderen Listen auf die Dauer nicht, was den darin Genannten versprochen wurde: Nachdem sie in der Hoffnung auf Rettung oft ein Vermögen hingegeben hatten, wurden sie schließlich doch deportiert.

Siegfried van den Bergh, scharfsichtiger Beobachter der lagerinternen Hierarchien und sarkastischer Kommentator der Imitationsleistungen führender jüdischer Häftlinge im Hinblick auf ihre deutschen Vorbilder, stand mit seiner Frau auf keiner Liste. Dennoch erreichte er es, dem Transport nach Auschwitz zunächst noch zu entgehen und nach Theresienstadt zu kommen. Hier wird er Zeuge der gespenstisch-grotesken »Verschönerungsaktion«, die seit dem Mai 1944 für ein Komitee des Internationalen Roten Kreuzes inszeniert wird, um den Inspektoren den Eindruck eines annehmlichen jüdischen Lebens in deutschen Konzentrationslagern vorzugaukeln. Mit bitterer Ironie beschreibt van den Bergh auch hier wieder das vielfach gebrochene Verhältnis der jüdischen Upper-class-Häftlinge zu ihren Peinigern, die buchstäblich lebensbedrohenden Zwistigkeiten und Intrigen der Insassen untereinander und die Durchsetzung nationaler und sozialer Interessen der einzelnen Gruppierungen gegeneinander. Auf diese Weise entsteht eine Innenansicht des Lageralltags, die weder die Todesängste und das erbärmliche Dahinvegetieren noch die skurrilen und tragikomischen Züge dieses Daseins außer acht läßt.

Die äußerste Reduktion dessen, was unter ›Leben‹ irgend vorstellbar ist, erfolgt schließlich in Auschwitz, wo van den Bergh die Herbst- und

Wintermonate von 1944 auf 1945 zubringt und, nachdem er sich für das Arbeitslager Gleiwitz gemeldet hat, als schwer Kranker nur dank des Mutes und der persönlichen Fürsorge seines Schwagers, eines Arztes, überlebt. In diesen Kapiteln, denen die Aufzeichnungen aus der Zeit direkt nach dem Kriegsende zugrunde liegen, verändert sich auch die Schreibweise des Berichts. Wo zuvor Beobachtungen in pointierter Zuspitzung ironisch über längere Passagen geführt werden konnten und Zusammenhänge auch im Erzählen selbst bewahrt wurden, können nun fast nur noch Splitter und Fragmente für die Erlebnisse einstehen, wendet der Blick sich wie in Hast von einem bedrohlichen und grauenerregenden Objekt zum anderen.

Nach dem Evakuierungszug von Gleiwitz durch Schnee und Kälte in das schon nahe der Front gelegene Lager Blechhammer finden sich diejenigen, die wie van den Bergh und sein Schwager dort aufgrund körperlicher Geschwächtheit zurückgeblieben sind, in einem Niemandsland wieder: Die Deutschen sind abgerückt, die Russen haben sich noch nicht gezeigt. Die Häftlinge sind frei, aber sie haben das Gefühl für die Bedeutung dieses Wortes, ja, sie haben Gefühle überhaupt eingebüßt. »Wir lebten noch«, schreibt van den Bergh, »aber wir lebten nicht mehr.«

3

Was dann folgt, ist der Versuch, ins Leben zurückzukehren. Er führt über Kriegsgefangenenlager und Spitäler, in von den Deutschen verlassene Privathäuser und zwischenzeitlich in ein nun von der Sowjetarmee dirigiertes Zuchthaus, in private Wohnquartiere und endlich, seltsame Ironie der Biographie und Familiengeschichte, auf einem Zwischenhalt auch nach Czernowitz in der Bukowina, bevor der Transport ehemaliger Kriegsgefangener und KZ-Häftlinge in Odessa am Schwarzen Meer anlangt.

Warten und weiterkommen, weiterkommen und warten heißt die Devise dieser Monate, während derer es Siegfried van den Bergh in die Regionen zurückverschlägt, aus denen knapp vierzig Jahre zuvor sein Pate Leib Mandelstein sich aufgemacht hatte, um einen vom fanatischen Antisemitismus verschonten Ort zum Leben zu finden. Wie eine Wiederkehr der Geschichte unter veränderten Vorzeichen mutet es an, wenn van den Bergh in Czernowitz auf lange Reihen schwarz gekleideter Juden mit Bärten und Schläfenlocken stößt, die Frauen ebenfalls in Schwarz und mit Perücken, und alle wollen sie fort, nur fort: »nach New York oder anderswohin«. Und noch ein anderes Mal taucht ein Erinnerungszeichen an die Geschichte der eigenen Familie auf, als der Holländer an Bord eines australischen Truppentransporters, mit Hunderten anderer ehemaliger Gefangener und KZ-Insassen auf dem Seeweg von Odessa nach Marseille, im Hafen von Istanbul die Händler sieht, die auf ihren kleinen Booten das Schiff umrunden und an Bord gehen, um ihre Geschäfte zu machen. So war auch sein Großvater Bram Perelaar im Hafen von Rotterdam unterwegs gewesen, so hatte Leib als Angestellter des Großvaters sich seine ersten Gulden in einer vermeintlich friedlichen und toleranten Welt verdient.

Siegfried van den Bergh schenkt solchen biographischen Zufällen, den kuriosen Zirkelschlüssen familiärer Geschichte keine Beachtung. Den Lesern seiner Erinnerungen aber geben sie zu denken, verweisen sie doch auf die Zusammenhänge zwischen der kleinen individuellen und der großen allgemeinen Geschichte und in diesem Fall auf das unabgegoltene Thema, das beiden nicht nur in diesem Jahrhundert gemeinsam ist: die Verfolgung der Juden in Europa.

»Unvollendete Vergangenheit« ist denn auch der letzte Abschnitt dieses Lebensberichts überschrieben. Denn obwohl für Siegfried van den Bergh selbst sich die Ereignisse mit manchmal geradezu märchenhaft glücklichen Zufällen zum Guten wenden, nachdem die Herrschaft der Deutschen gebrochen, der Völkermord an den Juden zum Halten gebracht ist; obwohl auch seine Frau die Lager überlebte und sie zusammen im Nachkriegs-Holland ein dem Augenschein nach ›ganz normales‹ Familien- und Arbeitsleben führen konnten, so ragt doch diese jüngste Vorgeschichte als eine zugleich ganz alte in dieses Leben hinein und ist aus ihm buchstäblich nicht wegzudenken. Genau dem dient das Buch selbst: ein Wegdenken zu verhindern und das Erinnern aufleben zu lassen am Beispiel der Biographie eines einzelnen, die sich beinahe wie von selbst als Teil einer fortdauernden Geschichte versteht. Darin hat sie, wo vielleicht nicht ihren ›Sinn‹, so doch ihre Kontinuität.

Frauke Meyer-Gosau

Der Text des Buches basiert auf einer von Marliese Dreyfuss besorgten Übersetzung aus dem Niederländischen.

Der Kronprinz von Mandelstein

Welthafen

I

Im Jahr 1908 ging in der Margarinefabrik Van den Bergh in Rotterdam ein von einem Vetter meines Großvaters geschriebenes Buch in Druck, das er seinen Eltern, Simon van den Bergh und Elisabeth van der Wielen, gewidmet hatte. Es beginnt im Jahr 1769, dem Geburtsjahr des Familien-Stammvaters Zadok van den Bergh aus Geffen in Noord Brabant, und endet am 9. 4. 1908. Der Autor, Sam van den Bergh jr., der unter dem Leitspruch »Durch Eintracht zur Macht« zusammen mit seinen sechs Brüdern und den Eltern die Margarinefabrik zu einem blühenden Unternehmen gemacht hatte, geht in seiner Chronik von den Erfahrungen eines emanzipierten holländischen Juden am Anfang dieses Jahrhunderts aus. Fast hundert Jahre lang hatte seine Familie unbehelligt gelebt, und obwohl Sam seine Zugehörigkeit zum Judentum nicht verleugnete, hatte er selten einmal Probleme mit Andersgläubigen. Selbst die Exzesse des Antisemitismus im 18. und 19. Jahrhundert erwähnt er in seinem Familienbuch nur am Rande, lediglich einige Sätze erinnern an diese Greueltaten.

So fragt sich der Autor im Eingangskapitel, weshalb in der Mitte des 18. Jahrhunderts so viele Juden – unter ihnen wahrscheinlich auch die Eltern des Stammvaters Zadok – über die deutsche Grenze kamen und sich im armen Brabant niederließen: »Die Geschichtsbücher bringen wenig Licht in diesen Vorgang. Es ist aber wohl keine allzu kühne Annahme, wenn man davon ausgeht, daß die jüdischen Familien, die sich so nahe an der Grenze in einem fremden und reizlosen Land niederließen, dies nicht ganz freiwillig taten. Die Verbreitung einer so geringen Anzahl von Personen über viele Dörfer, in denen sich zumeist jeweils nur eine einzige jüdische Familie ansiedelte, läßt die Vorstellung einer übereilten Abreise, wenn nicht sogar einer Flucht aus dem ehemaligen Vaterland aufkommen. Aber auch die eigene Überlieferung erhellt hier nichts. Obwohl die Älteren in unserer Jugend noch vage Erinnerungen an die Judenverfolgungen am Rhein in vornapoleonischer Zeit hatten, wo Brandschatzungen jüdischer Gemeinden, Plünderungen und Mißhandlungen in größerem Ausmaß stattfanden, konnten wir doch keine

Schriftstücke oder Dokumente auffinden, aus denen wir hätten schließen können, daß unsere Ahnen durch solche Ereignisse veranlaßt wurden, nach Holland zu ziehen. Das Nichtvorhandensein offizieller Unterlagen, das Fehlen von Geburts- und Heiratsurkunden aus der früheren Heimat in den Archiven der holländischen Gemeinden, die wir durchforstet haben, bestärkt die Vermutung einer übereilten Abreise. Dennoch bleiben wir im ungewissen darüber, zu welchem Zeitpunkt dieser Exodus stattgefunden hat.«

Simon van den Bergh, der Vater des Autors der Familienchronik, wurde am 26. Oktober 1819 in Oss als Sohn der kinderreichen Familie von Zadok van den Bergh geboren. Schon sehr früh übernahm er Aufgaben im Manufaktur- und Kolonialwarengeschäft seines Vaters. Die Bauern, die nicht bar bezahlen konnten oder wollten, lieferten anstelle von Geld Butter ab, und diese Butter wurde dann weiterverkauft. Simon, Elisabeth und ihre sieben tüchtigen Söhne etablierten sich nach einigen finanziellen Mißgeschicken als internationale Butterhändler mit einem weltweit guten Namen. Nachdem die Margarineherstellung erfunden war, stiegen die van den Berghs alsbald in die Produktion dieser neuen Ware ein. In Oss gründeten sie eine Margarinefabrik, die sich gut entwickelte. Im Jahr 1891 wurde die Fabrik dann von Oss in die Hafenstadt Rotterdam verlegt, verbunden mit einer für die damalige Zeit enormen Vergrößerung des Betriebs. Simon van den Bergh starb im Jahr 1907 als international hochgeachtete Persönlichkeit, und mit rührender Zuneigung beschrieb auch Sam seine Eltern. Deutlich lassen seine Schilderungen die Ruhe im Brabant des 19. Jahrhunderts spüren, wo nichts und niemand die Familie von den Zielen abbringen konnte, die sie sich gesteckt hatte.

Sobald sich Simon und Elisabeth am Emmaplatz 13 in Rotterdam niedergelassen hatten, erwarben sie sich einen Ruf als gutherzige und wohltätige Gemeindemitglieder. »Man wollte Vater in den Vorstand der Synagoge wählen«, schreibt Sam. »Angesichts seines hohen Alters konnte er diese Aufgabe jedoch nicht mehr übernehmen. Die einzige Funktion, die er akzeptierte, war der Vorsitz der Vereinigung ›Montefiore‹ zur Unterstützung bedürftiger jüdischer Auswanderer. In dieser Zeit kamen arme Juden in großer Zahl aus Rußland, Galizien und vor allem aus Rumänien, wo sie unterdrückt und verfolgt wurden, nach Rotterdam, um von dort aus in die USA oder nach Kanada zu emigrieren. Vater war von Mitleid erfüllt, als er die unglücklichen Glaubensgenossen mit Frauen und Kindern durch die Stadt ziehen sah. Er fühlte sich den Armen verbunden, und es war eine große Freude für ihn, etwas für sie tun zu können. Die Gemeinde Rotterdam stellte auf sein Ersuchen hin der Hilfsorganisation ›Montefiore‹ eine unbewohnte Villa als Asyl für die weiterreisenden Juden zur Verfügung. Dorthin ging Vater in seinen letzten Lebensjahren häufig, um die Angelegenheiten seiner Glaubensgenossen zu regeln. Er händigte ihnen Reisegeld aus, das aus einem Fonds des Barons de Hirsch in Paris stammte, und stand ihnen mit Rat und Tat zur Seite. ›Herr Baron‹, so nannten die Leute Vater für gewöhnlich. Er wurde bald eine außerordentlich beliebte Persönlichkeit bei den Emigranten.«

Im anderen Familienzweig der van den Berghs, demjenigen meines Urgroßvaters Daniel, wurde keine Nahrungsmittel-, sondern Kapok-, Watte- und Teppichindustrie betrieben, und auch dies war eine Familientradition. Mein Großvater, wegen eines Rückenleidens »der bucklige Schimme« genannt, hatte es jedoch in geschäftlichen Dingen schwer. Oft mußte er hinter geschickteren Konkurrenten zurückstehen. Schließlich übersiedelte die Familie meiner Großeltern in den letzten Jahren des vorigen Jahrhunderts nach Amsterdam, wo sie sich eher mühselig durchschlug. Alle ihre Kinder waren noch in Oss geboren worden und trugen die in der Familie üblichen Namen: Daniel, Arnold, Maurits, Zadok, Henriette und Bertha. Trotz der schlechten finanziellen Verhältnisse konnten die beiden ältesten Söhne, Daniel und Arnold, studieren. Daniel wurde Arzt und war ein Wohltäter der Armen im Judenviertel von Amsterdam. Als er, erst 46 Jahre alt, starb, folgten Tausende seinem Sarg. Arnold wiederum wurde ein tüchtiger Notar, der eine imposante Kanzlei aufbaute, Zadok war Direktor eines Eisenwarenhandels, und Henriette und Bertha heirateten erfolgreiche Kaufleute. Mein Vater Maurits hatte nicht studiert, aber er besaß einen Verstand, der ihn in eine große Karriere hätte führen können. Er war ein ehrlicher Mann, doch untauglich für das Geschäft, das er betreiben mußte, und er war ein guter Vater, der seine Kinder sehr liebte. In seinen letzten Lebensjahren dann fühlte er sich von mächtigen Feinden bedroht, all seine Unternehmungen mißlangen ihm, und er endete als Bankrotteur.

II

Leib Mandelstein wurde im Jahr 1885 in der Bukowina, einem rumänischen Landstrich am Fuße der Karpaten, unweit des Flusses Pruth geboren. Im Sommer wogten die Kornfelder, im Winter war alles schlammbedeckt. Strenger Frost und sengende Hitze prägten das Klima. Leib Mandelsteins Vater war Gastwirt in einem Städtchen namens Botosjani. Mit seiner Frau und den fünf Kindern kam er gut zurecht. Leib war der älteste Sohn. Er verbrachte einen wesentlichen Teil seiner Jugend hinter der Theke des Vaters, unter derben, nicht selten betrunkenen Bauern, die an den Markttagen Butter, Schweine, Hühner und Eier verkauften oder gegen Textilien und Petroleum tauschten und dann einen Teil ihrer Einnahmen in der Kneipe wieder durchbrachten. Sie verzehrten große Portionen eines Gerichts aus Gerste, Pflaumen und Wurst und tranken unzählige Gläser süßen Branntwein, Wacholderschnaps und Wodka. Als Leib noch nicht sechs Jahre alt war, lief er mit einem kleinen Serviertablett voller Schnapsgläser zwischen den Bauern herum, die ihm dafür zur Belohnung ein bißchen Geld gaben. Er verbrachte sein Leben zwischen dem elterlichen Wirtshaus und der jüdischen Schule, wo er Hebräisch lesen und ein wenig rechnen lernte. Ferner studierte er die überlieferten Schriften und die dazugehörigen Kommentare der Rabbiner. Eines Tages aber griff auch in Leibs Umgebung wieder der fanatische Antisemitismus um sich.

Immer wieder herrschte eine Zeitlang Frieden zwischen den Juden und ihren katholischen Landsleuten. Dann verdiente der Gastwirt recht gut. Wenn jedoch die Ernte einmal nicht gut ausgefallen war oder eine Seuche umging, gab man den Juden die Schuld daran. Plötzlich erinnerte man sich, daß Jesus von den Juden ermordet worden war. Der König von Rumänien nutzte die alten Ressentiments für seine Zwecke, wenn er ein Pogrom brauchte, um eigene Schwierigkeiten zu überdekken. Dann brach Krieg zwischen Juden und Nichtjuden aus, Wahnsinn und Hysterie beherrschten die Atmosphäre. Juden wurden abgeschlachtet oder lebendig begraben, jüdische Mädchen und Frauen vergewaltigt und jüdische Häuser in Brand gesteckt. Jeder konnte ein neues Pogrom wie ein langsam heraufziehendes Gewitter herannahen fühlen.

Leib hatte schon mehrmals miterlebt, wie die Wirtschaft seines Vaters von außer Rand und Band geratenen Bauern geplündert worden war. Geschirr wurde kurz und klein geschlagen, Wein- und Branntweinfässer wurden von hysterischen Hitzköpfen leergesoffen oder ausgeschüttet. Der Vater versteckte Mutter Mandelstein und ihre Kinder dann in riesigen Fässern im Weinkeller, und oft mußte auch er selbst sich dort verbergen. Mitunter schickte der Landesfürst eine Kompanie nach Botosjani, um Ruhe und Ordnung wiederherzustellen. Meistens aber gingen die Soldaten und Offiziere dann ebenfalls auf Raubzug und beteiligten sich an der Bedrohung und Ermordung der Juden. War ein Pogrom zu Ende, folgten wieder ruhige Jahre. Doch immer dann, wenn alle glaubten, daß die Zeiten des Massenwahnsinns vorüber seien, begann alles wieder von vorn.

Als Leib zwanzig Jahre alt war, wurde er zum Militärdienst in der rumänischen Armee eingezogen. Er wurde der Kavallerie als Pferdepfleger zugeteilt. Obwohl dies eine ganz andere Arbeit war, als den Gästen Branntwein einzuschenken, versuchte er seine Aufgabe so gut wie möglich zu erfüllen. Das gelang ihm auch leidlich, bis der Rittmeister eines Tages die Pferde bei seiner Inspektion nicht ordentlich gestriegelt und die Pferdeäpfel nicht vorschriftsgemäß aus der Streu geharkt fand. Leib wurde brutal mit der Peitsche geschlagen und als »Schwein«, »Saujude« und »Vergewaltiger der Jungfrau Maria« beschimpft. Damit war der Damm gebrochen, und die Leutnants, Unteroffiziere und Korporale folgten dem Beispiel ihres Rittmeisters. Leibs Körper war über und über mit Striemen und Wunden bedeckt. Die Kavalleristen machten sich fortan einen Spaß daraus, ihn tagaus, tagein mit den übelsten Schimpfworten zu belegen. Endlich entschloß er sich zur Flucht. In einer dunklen Nacht verschwand er auf Nimmerwiedersehen.

Da die Kavallerie-Kaserne in der Nähe des Hafens von Constanza lag, gelang es ihm, unbemerkt an Bord eines Getreideschiffs zu kommen. Er versteckte sich im Laderaum. Er hatte Glück, denn eine Stunde später bereits wurden die Anker gelichtet, und nach weiteren zwei Stunden war das Schiff auf hoher See. Leib wußte, daß es für ihn ein Nachteil wäre, wenn man ihn in seiner Kavallerie-Uniform vorfände. Er beschloß, alles, was an den Militärdienst erinnerte, durch eine Ventilationsluke in den Wellen des Schwarzen Meers zu versenken.

Bei der ersten Inspektion der Getreideladung wurde Leib von einem Besatzungsmitglied entdeckt. Einige Minuten später stand er, sehr dürftig bekleidet, in der Kajüte des Kapitäns. Leib hatte aber wiederum Glück, denn die Besatzung bestand nicht aus Rumänen. Er wurde korrekt behandelt, bekam gutes Essen, und selbst für Kleidung wurde gesorgt, damit er einigermaßen menschlich aussah.

Trotzdem wollte der Kapitän ihn so rasch wie möglich loswerden, da ein blinder Passagier immer Unannehmlichkeiten mit sich brachte. In Saloniki, dem ersten Hafen, den das Schiff anlief, mußte Leib von Bord. Ohne Gepäck und ohne einen Heller stand er am Kai. Nach einigem Nachdenken entschloß er sich, sich an den Synagogendiener zu wenden. Da aber fast täglich Landstreicher von Leibs Aussehen bei Herrn Montopoulos auftauchten, bekam er nur ein paar armselige Münzen in die Hand gedrückt und mußte sehen, wie er durchkam.

Es würde zu weit führen, Leibs Irr- und Bettelwege durch Süd-, Mittel- und Osteuropa zu verfolgen. Manchmal traf er freundliche Menschen, die ihm Essen und Geld gaben, so daß er weiterwandern konnte. Dann wieder hatte er weniger Glück, und er mußte hungern und irgendwo am Wegesrand nächtigen. Zuweilen konnte er bei einem Hufschmied oder einem Bauern aushelfen, wofür er etwas zu essen und einen Schlafplatz erhielt. Ein andermal wieder jagte man ihn mit scharfen Hunden vom Hof, und er mußte um sein Leben laufen.

Am frühen Morgen eines Augusttages im Jahr 1908 kam Leib am Maasbahnhof in Rotterdam in der Nähe des imponierenden Flusses an, der aus der Stadt einen Welthafen gemacht hatte. Durch das Aufkommen der Dampfschiffahrt im letzten Jahrzehnt des 19. Jahrhunderts und die neuen, modernen Hafenanlagen des Park-, Rhein- und Maashafens hatte sich ein ausgedehnter Handel und, damit verbunden, eine allgemeine Betriebsamkeit entwickelt. Jeder, der nach Rotterdam kam, nahm sofort wahr, daß hier etwas Großes entstanden war. Die Kapitäne und Mannschaften der großen Schiffe, die Kopra und Sisal löschten, die Schiffer der Rheinkähne, die sich mit der Kohle aus dem Ruhrgebiet der Stadt von der anderen Seite her näherten, die Passagiere der Luxusyachten, die Eisenbahnreisenden aus dem In- und Ausland, die Kutscher der Tilburies oder Landauer, die mit ihren Passagieren aus Kralingen oder Delfshaven in die Stadt kamen, sie alle waren hingerissen von der quirligen Atmosphäre und dem unaufhaltsam dahinziehenden Strom, der für viele Arbeit, Wohlstand und Macht bedeutete.

Mandelsteins Ankunft blieb nicht verborgen. Beim Verlassen des Güterwaggons, in dem er als blinder Passagier von Köln nach Rotterdam auf Kapoksäcken geschlafen hatte, wurde er von zwei Eisenbahnangestellten aufgespürt und der Polizei übergeben. Zwei stramme Polizisten, deren Gesichter die zu jener Zeit unerläßlichen Koteletten zierten, packten den von der Reise erschöpften und schmutzigen Mandelstein und warfen ihn in eine Zelle der Polizeidienststelle in der Zwarte Paardenstraat. Das Gebäude war mehr als hundert Jahre alt, und man hatte sich Mühe gegeben, jegliche Lebensfreude daraus zu verbannen. Eine angenehme Ankunft war das nicht. Doch konnte Mandelstein in der Zelle wenigstens sein unterbrochenes Schläfchen fortsetzen.

Die Haft dauerte nicht lange. Der Brigade-Wachtmeister betrachtete den Fall als eine Routineangelegenheit, und da er an diesem schönen, friedlichen Morgen wenig Lust auf Scherereien hatte, schickte er einen seiner Beamten zu den »Boompjes«. Eine halbe Stunde darauf betrat Herr Borstrock, Sekretär der jüdischen Gemeinde, mit wehendem Bart, bleichem Gesicht und schwarzer Kopfbedeckung die Polizeistation. Borstrock und der Wachtmeister kannten und schätzten einander. In wenigen Worten beschrieb der Brigadier die Situation. Einem prallgefüllten Geldbeutel mit Spenden, die sowohl von Glaubensgenossen aus Rotterdam wie von Baron de Hirsch aus Paris stammen konnten, entnahm Borstrock die Summe, die nötig war, um eine einfache Fahrt 3. Klasse von der deutschen Grenze nach Rotterdam sowie ein Strafgeld zu bezahlen. Nachdem der Polizeioffizier eine Quittung ausgestellt hatte, holte er sein großes Schlüsselbund, um den Häftling zu befreien. Mandelstein, der nicht mit einer derart schnellen Entlassung gerechnet hatte, hatte es sich gemütlich gemacht. Mit bloßem Oberkörper und angetan mit einer exotischen Unterhose, die noch aus der Bukowina stammte, lag er zusammengerollt auf seiner Pritsche. Seine übrigen Kleidungsstücke hatte er auf dem Steinboden der Zelle gebündelt. Daneben stand ein Paar durchgelaufener Schuhe, die mit Lehm und Dreck aus vielen Ländern Europas bedeckt waren, ein Symbol des ewig wandernden Juden.

Mandelstein war über das Erscheinen seiner Besucher nicht erfreut, denn er hatte ein bißchen Ruhe bitter nötig. Aber er mußte den Wunsch des Brigadiers erfüllen, sich so schnell wie möglich anzukleiden und in die Freiheit hinauszutreten. Den prüden Sitten der Zeit entsprechend, empfanden Borstrock und der Polizist es als unschicklich, in der Zelle zu bleiben, während Mandelstein sich in seine Lumpen hüllte. Sie zogen sich in den feuchten Gang zurück, wo Borstrock über einen Mord unterrichtet wurde, den der Brigadier in der Nacht zuvor mit viel Spürsinn und Geschick aufgeklärt hatte. Einige Minuten später erschien Mandelstein in der Tür. Borstrock dankte dem Polizisten für die entgegenkommende Abwicklung des Falls – die Polizeivorschriften hätten eine weit unangenehmere Behandlung ermöglicht – und entfernte sich mit seinem Schützling. Ein Polizist, der vor der Tür auf einer Bank saß, salutierte freundlich. Borstrock war eine bekannte Erscheinung in dieser Gegend.

Als die beiden Männer im strahlenden Sonnenschein dieses Augustmorgens am Maasufer entlanggingen, schien der jüdische Angestellte nicht geneigt, sich lange mit seinem neuen Freund zu befassen. Er hatte anderes zu tun. Für den Lebensunterhalt bekam Mandelstein zwei silberne Reichstaler, einen mit dem beeindruckenden Bildnis von Wilhelm III. und den anderen mit dem Mädchenporträt Wilhelminas. »Die philosemitischen Regenten dieses Landes«, erklärte Borstrock stolz. Des weiteren gab er Leib ein Empfehlungsschreiben für die Vereinigung ›Montefiore‹, die sich um die Aufnahme jüdischer Emigranten und ihre Weiterreise in die USA kümmerte. Schließlich sagte Borstrock, er erwarte, daß Mandelstein am kommenden Schabbat am Gottesdienst in der Synagoge teilnehme. Das war mehr ein Befehl als eine Einladung. Ein dicker Geldbeutel bedeutet Autorität und Macht.

Nachdem sich die Männer voneinander verabschiedet hatten, war Leibs erstes Ziel eine Bäckerei. Er kaufte ein paar Brötchen, und zwei Straßen weiter erstand er hundert Gramm Käse für die Mittagsmahlzeit, die er auf einer Bank am Hafen einnahm.

Mandelstein konnte die Villa Montefiore am Eendrachtsweg nicht sofort finden. Immer wieder hielt er Passanten den Zettel von Borstrock unter die Nase. Schließlich begegnete er einem freundlichen Jungen, der Mandelstein zu dem Haus führte. In der Villa wurde Leib von einer jüdischen Dame, deren Umfang ihm Respekt einflößte, und einem jüdischen Herrn, der neben seinem weiblichen Pendant etwas klein und mager aussah, freundlich empfangen. Leib wurde gebeten, sich ins Eßzimmer zu begeben, das zu diesem Zeitpunkt leer war. Frau Grünbaum brachte köstlichen Kaffee und Kuchen. Leib konnte sich soviel nehmen, wie er wollte. Sie machte ihn ausdrücklich darauf aufmerksam, daß alles im Hause streng koscher sei. Leib sagte, daß er sich lieber in eine Salzsäule verwandeln würde, als etwas zu essen, was nicht vom Rotterdamer Rabbinat genehmigt war. Nach dieser Äußerung hatte er bei Frau Grünbaum und Herrn Zanger gewonnen. Er bekam ein schönes Zimmer auf der Südseite des Hauses zugewiesen. Die imposante Dame ließ ihm persönlich ein Bad ein, und er durfte sich im Magazin aus den gut erhaltenen abgelegten Kleidern wohlhabender Rotterdamer Juden aussuchen, was ihm gefiel.

Leib hatte keinen schlechten Geschmack. Er wählte einen eleganten

Anzug, der von einem bekannten Schneider stammte. Zweifellos hatte er einem Mann von Rang und Namen gehört. Im Jackett fand er seinen dritten Reichstaler, der wahrscheinlich absichtlich dort gelassen worden war – eine kleine Dividende von der van den Bergh Ltd., von Pollaks Emballage Industrie oder Kattenburgs Kleidermagazin. Leibs pittoreske Unterhose wurde durch ein einheimisches Exemplar von Jansen & Tilanus ersetzt, auch seine anderen Kleidungsstücke hatten ausgedient. Alles, was Leib getragen hatte, wurde verbrannt, denn ›Montefiore‹ hatte schlechte Erfahrungen mit Flöhen, Läusen und anderem Ungeziefer gemacht.

Nachdem Leib gebadet hatte, konnte er sich auf sein Zimmer zurückziehen. Die Empfangszeremonie war vorbei. Über die Fortsetzung seiner Reise in die USA würde sich Herr Zanger in den nächsten Tagen mit ihm unterhalten. Zunächst einmal mußte er sich ausruhen. Daß er die Reise über den Ozean antreten würde, wurde dabei als selbstverständlich angenommen. In seinem neuerworbenen Nachthemd warf Leib sich auf sein Lager und schlief durch bis zum folgenden Morgen. Dann stand er auf und betrachtete sich im Spiegel. Er sah nicht besonders jung aus mit seinen 23 Jahren. Er fühlte sich müde und matt nach allem, was er durchgemacht hatte. Aber er war gesund und wollte leben.

Nach einem soliden holländischen Frühstück verließ Mandelstein die Villa, um sich ein bißchen die Beine zu vertreten. Er kam zum Flußufer, an dem Tonnen, Fässer, Maschinen und andere Güter lagen, die geladen oder weitertransportiert werden mußten. Er ging am Yachthafen entlang, wo die Luxusspielzeuge der Rotterdamer Hafenbarone lagen. Der Hafen war recht leer, weil viele Schiffe an diesem schönen Sommertag ausgelaufen waren. Leib schlenderte weiter zum Park und setzte sich auf einem Hügel über der Maas auf eine Bank. Von dort hatte er einen freien Blick auf den Strom mit seinen im Sonnenlicht glitzernden Wellen und die im frischen Wind vorüberfahrenden kleinen und größeren Boote. Dieser Anblick ließ Mandelstein vor Glück weinen. Nach soviel Elend, nach soviel fast nicht zu ertragendem Leid fühlte er sich endlich als freier Mann. In diesem Welthafen, in dem alle möglichen Nationalitäten und Hautfarben, alle erdenklichen Sprachen durcheinanderwirbelten, wurde ihm klar, welche Bedeutung die Verständigung und Verbrüderung zwischen den Völkern hatte.

Am nächsten Morgen, dem Schabbat, folgte Leib Borstrocks Befehl.

Um Punkt neun Uhr betrat er die Synagoge. Dort erhielt er am Eingang ein altes Gebetbuch und einen Gebetsmantel in einem schwarzen Samtbeutel.

III

Die Boompjes-Synagoge, die in den dreißiger Jahren des vorigen Jahrhunderts erbaut worden war, war innen weitläufig und hoch und feierlich ausgestaltet, mit großen kupfernen Leuchtern, schwarzbrauner Täfelung, Tischen und Bänken in derselben Farbe. Eine Empore befand sich in der Mitte und dahinter der heilige Schrein – alles war so, wie man es von einer Synagoge von Format erwarten konnte.

Wegen des prächtigen Sommerwetters und den die Aufmerksamkeit ablenkenden Sonnenstrahlen, die durch die Bleiglasfenster drangen, wurde der Gottesdienst an diesem Schabbatmorgen nicht so intensiv wie sonst erlebt, auch machte sich die Ferienzeit bemerkbar. Die Beteiligung war nicht groß. Gutsituierte Gläubige waren mit ihren Familien nach Wiesbaden oder Baden-Baden zur jährlichen Schlamm- oder Leberkur oder einer anderen Behandlung gefahren. Diejenigen, die etwas bescheidener leben mußten, saßen in ihren kleinen Pensionen in Scheveningen. Dort verbrachten sie die Tage in riesigen Strandkörben, in der Hoffnung auf strahlenden Sonnenschein und froh über den goldfarbenen Sandstrand an der Nordsee.

Leib setzte sich in seinem Gebetsmantel auf eine Bank, nicht ganz vorn, aber auch nicht ganz hinten. Im Gebetbuch konnte er die richtige Seite mühelos finden. Er war es von Jugend an gewohnt, den Schabbatgottesdienst zu besuchen, und vertiefte sich sofort in den hebräischen Text. Er suchte Trost im Gebet und bat um Gottes Segen für diejenigen, die er im fernen Rumänien hatte zurücklassen müssen und die kaum ahnten, wie und wohin er geflohen war. Manchmal stand er auf und neigte sich, still betend, vor- und rückwärts.

Neben ihm in der Bank saß ein sonnengebräunter, etwa sechzigjähriger Mann mit Knebelbart, der genau wie Leib den Gebetsmantel in der vorgeschriebenen Weise um die Schultern trug und dem Gottesdienst andächtig folgte. Während des Gottesdienstes hatten die Männer einige Worte gewechselt. Danach falteten sie die Gebetsmäntel zusammen und legten sie in ihre Samtsäckchen zurück. Der ältere Mann kam auf Leib zu und stellte sich als Bram Perelaar vor. »Freut mich«, erwiderte

Mandelstein. Zusammen gingen sie hinaus. Es war jetzt gegen halb zwölf, in den Straßen und Häfen von Rotterdam herrschte geschäftiges Leben. Einen freien Samstag kannte man nicht. Die Straßen waren voll mit schweren belgischen Pferden, die Wagen mit Mehlsäcken, Tabakbündeln, Jute, Kokosmehl und allerhand anderen Waren zogen. Der Rhythmus der Hufeisen auf dem Pflaster erklang genauso wie an jedem Werktag. Niemand störte sich daran, daß die Juden ihren heiligen Schabbat feierten. Mit ihren schwarzen Hüten, in Gedanken noch mit Überirdischem beschäftigt, wirkten Bram und Leib etwas weltfremd.

Obwohl Leib sich Mühe gab, sich verständlich zu machen, und daher Wörter aus verschiedenen Sprachen mischte, mußte sich Bram an diesen Sprachenwirrwarr erst gewöhnen. Die Unterhaltung lief anfänglich etwas mühsam. Doch begriff Bram schnell, daß Leib zwei- oder dreiundzwanzig Jahre alt war und daß er vor dem Antisemitismus in seiner Heimat hatte fliehen müssen. Daß er eine wüste Irrfahrt durch halb Europa hinter sich hatte und sich nun auf der Durchreise ins Gelobte Land, nach Amerika, befand. Trotz ihres Altersunterschieds, ihrer Verschiedenheit in Sprache, Herkunft und Geburtsland hatten Leib und Bram etwas gemeinsam: Sie glaubten auf die gleiche Art an den Herrn des Weltalls. Was heute einem Juden in Rumänien widerfuhr, das konnte morgen deutschen oder französischen, ja, selbst holländischen Juden geschehen, obwohl hier seit dem Mittelalter keine antisemitischen Exzesse mehr vorgekommen waren. Bram war von Leibs Erzählungen und seinem melancholischen Lachen beeindruckt. Ohne lange zu überlegen, lud er ihn zum Schabbatessen ein – und erschrak sogleich über seinen Mut. Denn obwohl es eines der traditionellen Gebote der jüdischen Religion ist, Fremden Speise und Trank anzubieten und Bram diesem Gebot gern nachgekommen wäre, nahm seine Frau Aal, mit der er seit fast vierzig Jahren mehr Leid als Liebe teilte, dazu eine andere Haltung ein. Was genau sie bewegte, konnte er nicht in Worte fassen, aber wenn er nicht wie ein dressierter Zirkusbär nach ihrer Pfeife tanzte, konnte sie furchtbar böse werden. So war ihm unklar, ob er wirklich mit Leib die Schwelle seiner Wohnung am Wijnhafen überschreiten sollte.

Als Bram von einer Seitenstraße her am Hafen ankam, unterhielt sich Aal zufällig gerade mit einem Schiffer, der sein Boot direkt vor Brams Haus angelegt hatte. Besser hätte Bram es nicht treffen können, denn im Beisein des Schiffers konnte Aal nichts anderes tun, als den Fremden genauso herzlich zum Essen einzuladen, wie Bram selbst es eine halbe

Stunde zuvor getan hatte. Bram war erleichtert. Obwohl er kein Feigling war, hatte Gott ihm doch eine schwere Aufgabe auferlegt, als er ihn an diese Frau gebunden hatte.

Um die über Brams Lagerhaus gelegene Wohnung zu erreichen, mußte man eine Art Bergsteiger sein. Zuerst waren dreißig Stufen zu überwinden, dann folgte ein Flur, danach kamen nochmals fünfundzwanzig steile Stufen. Die meisten Besucher erreichten keuchend die letzte Stufe, für Kranke oder Schwache kam die Kletterei einem Selbstmordversuch nahe. War man aber einmal oben angelangt, so hatte man eine prächtige Aussicht über den Hafen und das Kommen und Gehen der Schiffe, und die Größe der Zimmer war erstaunlich.

Aal, Bram und Leib beendeten ihr Gespräch mit dem Schiffer und begannen den steilen Aufstieg in die höheren Sphären. Als sie die fünfundfünfzig Stufen und den Flur hinter sich gebracht hatten, begab sich Bram mit seinem Gast ins Vorzimmer. Aal zog sich in die Küche zurück, um die Suppe noch mit etwas Maaswasser zu verlängern. Dies war die einzige Möglichkeit, den Mangel zu lindern, denn Suppenwürfel, -konserven oder -extrakt standen den Hausfrauen damals nicht zur Verfügung. Im Wohnzimmer wurde Leib derweil mit den drei ledigen Kindern des Paares bekannt gemacht: mit Jos, dem treuen Gehilfen im Geschäft seines Vaters, mit Rozet, einer siebenundzwanzigjährigen dunklen Schönheit, und mit ihrer Schwester Jenny, dem hilfsbedürftigen Nesthäkchen mit dicken Brillengläsern und Pausbacken. Schließlich schloß Leib noch Bekanntschaft mit Aaron Beereklauw, Rozets Verlobtem, einem Vertreter für Kosmetika. Aaron war träge und korpulent und verströmte die Düfte, deren Verkauf sein Beruf war.

Leib gab allen die Hand, wobei er sich untertänig verbeugte und viermal »Freut mich!« sagte. Dann bekam er ein Gläschen Eierlikör, in dem er sogleich zu löffeln begann. Trotz seiner jahrelangen Erfahrung mit Likören, Wacholder und Wodka war der holländische Advocaat etwas Neues für ihn. Nach einer Weile kam die Unterhaltung in Gang. Leibs rumänisch-jiddisches Kauderwelsch war anfangs schwer zu verstehen. Als Rozet nach einiger Zeit darüber zu kichern begann, war das Mittagessen gerade fertig. Im anderen Zimmer begab man sich zu Tisch. Leib saß zwischen Rozet und Jenny. Alle Tischgenossen taten ihr Bestes, die gute Stimmung zu bewahren und Anlässe für Mutter Aals aggressive Ausbrüche zu vermeiden. Als Leib einen Löffel Suppe über seinen ›Montefiore‹-Anzug goß, bekam er von der Hausfrau eine ordentliche Rüge, aber das war der einzige Zwischenfall.

Hatte man sich einmal an Leibs Sprachenwirrwarr von Rumänisch, Deutsch und Jiddisch gewöhnt, war es spannend, ihm zuzuhören. Er sprach über die Ermordung von Juden in Rußland und der Bukowina, über Hauptleute und Peitschen, über die Kornschiffe, über seine Irrfahrt durch Europa und die Erfahrungen, die er dabei gemacht hatte. Vor allem Rozet hing an seinen Lippen. Zum ersten Mal in ihrem Leben – nachdem sie zehn Verehrern und acht Verlobten den Laufpaß gegeben hatte – hatte sie das Gefühl, daß hier ein Mann war, den sie lieben könnte. Andererseits: Einen Schnorrer aus dem Osten, auch wenn er anständig gekleidet war, würde sie nie an sich heranlassen. Rozet war hochmütig und wählerisch. Gegenüber denjenigen, die ihr in den letzten zehn Jahren den Hof gemacht hatten, hatte sie sich abweisend verhalten. Kaum einmal war es zu Liebkosungen oder Küssen gekommen. Rozet glich einem Indianer, der auf das Skalpieren möglichst vieler Opfer aus war. Ihre enttäuschten Liebhaber verschwanden teils stillschweigend, teils unter enormen Tiraden wieder von der Bildfläche. In Leibs Innerstem aber begann es zu glühen. Es war Liebe auf den ersten Blick, und sein Entschluß war sofort gefaßt: Er würde nicht nach Amerika gehen. Nach der Mahlzeit wurde der Kaffee aufgetragen. Man unterhielt sich noch eine Weile, dann begann Leib den Abstieg durchs Lagerhaus und begab sich zurück in sein ›Montefiore‹-Zimmer.

Am nächsten Morgen fragte er in Perelaars Büro nach Arbeit. Bram machte den Eindruck, als habe er das erwartet. Er begann damit, seinen Betrieb näher zu beschreiben. Eigentlich mußte man von drei Betrieben sprechen, denn zum einen war Bram Eigner eines Rheinkahns mit Namen »Stern des Ostens«. Weiterhin hatte er in seinem Lagerhaus Tausende von Gegenständen für den Schiffahrtsbedarf gebunkert – Flaschenzüge, Seile und Taue in verschiedenen Stärken und Längen, Leuchtbaken, Kompasse, Rettungsboote, Seemannsmützen, kurzum, ein unbeschreibliches Sammelsurium. Schließlich aber gab es noch »Brammie II«, ein fahrendes Kolonialwarengeschäft, mit dem Jos an den Schiffen auf dem Fluß festmachte und von dem aus er verkaufte, was es zu verkaufen gab. Dieses Unternehmen war äußerst nützlich, wenn die Mannschaft eines Schiffes keine Zeit oder Gelegenheit hatte, an Land zu gehen. Kurz, Perelaar war Reeder, Lieferant für Schiffsbedarf und Bootskaufmann, drei Berufe, die größtenteils auf dem Wasser ausgeübt wurden.

Perelaar erzählte, wie in einem Herbststurm im Jahr 1907 die »Brammie I« plötzlich in den hohen Wellen des Flusses versunken war und

Bram und Jos gerade noch rechtzeitig von Bord sprangen. Nur weil sie schwimmen konnten, retteten sie ihr Leben. Nach Auszahlung der Versicherungssumme war die »Brammie II« angeschafft worden, schöner und moderner als »Brammie I«. Vor fünfzig oder sechzig Jahren noch wäre es undenkbar gewesen, daß Juden einen solchen Beruf ausübten, und Bram war stolz auf diesen Emanzipationsschritt. Wegen seiner Boote und seines Lebens auf dem Wasser fühlte er sich, trotz seiner unglücklichen Ehe, stark. Wenn Aal ihm wieder einmal, wie er das nannte, die Daumenschrauben anlegte, suchte er Ruhe im Lagerhaus zwischen den Flaschenzügen und Kompassen oder segelte mit der »Brammie II« den Fluß hinauf, um seine Waren an Engländer, Afrikaner, Dänen oder Libanesen zu verkaufen. Nachdem Bram all das erzählt hatte, fügte er hinzu, daß Jos, der schon lange vom Herumschaukeln auf den Wellen genug hatte, für einige Zeit ersetzt werden müßte. Falls Leib wollte, könnte er nach einer Einarbeitungszeit auf der »Brammie II« als Bootshändler arbeiten. Leib war überglücklich über dieses Angebot, denn so hatte er eine Chance, Rozet wiederzutreffen. Trotz seiner Annäherungsversuche mit Blumen, Pralinen, Ringen und Broschen wollte es aber zwischen Rozet und Leib nicht klappen. Rozet zeigte deutlich, daß sie sich einem osteuropäischen Schnorrer nicht hingeben würde. Und außerdem war sie ja verlobt.

Schließlich ging Leib zum Generalangriff über. Er gestand Rozet seine Liebe und bat um ihre Hand, aber sie lachte ihn nur aus. Am Abend erzählte sie ihrem parfümierten Verlobten von dem Vorfall, und der zog Leib zur Verantwortung. Zu einem Duell kam es nicht, so weit war die Emanzipation der Juden noch nicht fortgeschritten. Aber Rozet stand zu Aaron, und Leib hatte verloren. Tief betrübt sprach Leib mit seinem Freund und Arbeitgeber, der die Situation schon lange beobachtet hatte. Der gab ihm zu verstehen, daß Leib sich nicht weiter bemühen solle. Obwohl es sich um seine Tochter handelte, mußte er zugeben, daß Rozet eine hochmütige Frau war und kein Mann ihr gut genug erschien. »Auch Aaron wird früher oder später den Laufpaß bekommen«, sagte er. Dann packte Bram Leib am Arm und sah ihm fest in die Augen. »Junge, ich mag dich sehr und würde dich gern in meine Mischpoche aufnehmen. Aber mit Rozet wird es nichts. Sie wäre dein Unglück«, stellte er fest. »Aber ich mache dir einen Vorschlag, an den du dich sicherlich erst gewöhnen und über den du eine Zeitlang nachdenken mußt. Ich bin bereit, dir ein Startkapital für ein eigenes Geschäft, einen Handel mit Wein, Spirituosen, Genever und Wodka, zu geben.

Dieses Geschäft hast du von Kindesbeinen an gelernt. Es wird dir gut damit gehen, sogar sehr gut, denn diese Art von Handel liegt dir im Blut. Man kann dich nicht hintergehen, weil du dich auskennst, und du wirst steinreich werden. Ich stelle allerdings eine Bedingung: Du läßt Rozet in Ruhe und heiratest meine Tochter Jenny.«

Leib war sehr erschrocken und verwirrt. Er bat um eine Bedenkzeit von drei Wochen und ging an seine Arbeit zurück. Kurz vor Ablauf der Frist kam Leib in Brams Büro und gab ihm die Hand. Er sagte, daß er Brams Angebot dankbar annehmen wolle, und drei Monate später heirateten Jenny und Leib im Kreise der Familie Perelaar in der Boompjes-Synagoge. Zwei Stunden zuvor hatten sie sich im Rathaus von Rotterdam das Jawort gegeben. Leibs Wein- und Spirituosenhandel bestand zu dieser Zeit bereits seit einem Monat. Rozet aber erging es genau so, wie ihr Vater es vorhergesagt hatte. Nicht einmal ein halbes Jahr nach der Hochzeit von Jenny und Leib gab Rozet ihrem neunten Verlobten den Laufpaß, weil sie dessen ewigen Parfümgeruch nicht mehr ertragen konnte. Sie war achtundzwanzig Jahre alt und fühlte sich trotz ihrer vielfach erwiesenen Anziehungskraft müde und allein. Wieder einen Monat später bekam sie Angst, daß kein Mann sie wegen ihres fortgeschrittenen Alters mehr nehmen würde. So bat sie einen jüdischen Heiratsvermittler, ihr einen passenden Ehemann aus einer holländisch-jüdischen Familie zu besorgen. Bei diesem war auch Maurits van den Bergh, Sohn des Simon van den Bergh und der Esther Monnickendam, eingeschrieben.

An einem Sonntag im September des Jahres 1909 kam Maurits mit einer Rückfahrkarte dritter Klasse aus Amsterdam im Welthafen an. Er war perfekt zurechtgemacht, mit Walroßschnauzbart, Panamahut, gestärktem Stehkragen, einem Strauß Chrysanthemen, einem hellen gestreiften Anzug nach der letzten Mode und einem Paar spitzer Lackschuhe, die er sich eigens für diesen Anlaß gekauft hatte. Rozet holte ihn ab. Auf den ersten Blick schon hielt sie ihn für einen tadellosen jungen Mann. Sie tranken Kaffee auf einer Terrasse in der Hoogstraat, und Bram organisierte in seiner freundlichen Art ein reibungsloses Kennenlernen des jungen Mannes mit Aal. Einen Monat später fuhr Rozet mit einer Fahrkarte dritter Klasse nach Amsterdam, um ihrerseits Maurits' Eltern und Geschwister kennenzulernen. Es waren einfache, brave Leute, deren Stammbaum bis ins Jahr 1769 zurückreichte.

Ohne viel Hin und Her beschlossen Maurits und Rozet zu heiraten. Im November 1910 standen sie vor dem Standesbeamten auf dem Zivilstandesamt und zwei Stunden später vor dem Rabbiner in der Boompjes-Synagoge. Sie ließen sich in Rotterdam am Vasteland nieder, weil Leib auf die Idee gekommen war, seinen Schwager als Kompagnon in seinen sich schnell vergrößernden Wein- und Spirituosenhandel aufzunehmen, der künftig nun Mandelstein & Co. heißen sollte.

In den frühen Morgenstunden des Dreikönigstages im Jahr 1912 wurde ich als ältestes Kind von Maurits van den Bergh und Rozet Perelaar geboren. Die Geburt war ein Gemetzel. Ich wurde von zwei Gynäkologen und einem Hausarzt für tot erklärt, denn ich schrie nicht, war gelb am ganzen Körper und machte keinerlei Anstalten, mich zu bewegen – zu leben. Erst nachdem man mich beim Abfall auf dem Speicher deponiert hatte, begann ich zu schreien. Die Ärzte mußten zugeben, daß sie sich im Hinblick auf meine Lebensfähigkeit getäuscht hatten. Von der hübschen Rozet aber war nach dieser Geburt nicht mehr viel übrig. Die Ärzte hatten sie derart zugerichtet, daß sie zeit ihres Lebens ein beschädigtes Bein behielt. Seit meiner Geburt hinkte sie, und manchmal mußte sie an Krücken gehen. Das machte sie mir bis zu ihrem Tode zum Vorwurf. Ihr erschien es als Unverschämtheit, daß ich trotz der gegenteiligen Erklärung dreier sachverständiger Ärzte am Leben bleiben wollte. Die Hebamme, die versuchte, mich zu ihr ins Bett zu legen, schrie sie an: »Ertränke dieses Scheusal!« Das war ernst gemeint. Erst viele Monate später gelang es meinem Vater, sie mir gegenüber allmählich umzustimmen, und im Laufe der Jahre beruhigte sie sich ein wenig. Nach mir wurden noch fünf Kinder geboren. Sie wurden zwar freundlicher empfangen als ich, aber doch nicht so, wie es sein sollte. Dieser Mangel an Mutterliebe war ein Übel, unter dem wir alle litten.

Als ich drei Tage alt war, bekam ich den Namen Siegfried. Wenn Vater sich den Stammbaum der Familie angesehen hätte, hätte ich Simon oder Samuel heißen müssen. Er aber wählte den Namen des Helden aus dem Nibelungenlied. Nach weiteren fünf Tagen fand die Beschneidung statt. Mein Onkel Leib war der Gevatter, der Mann, dem die Ehre zufiel, mich während dieser schmerzhaften rituellen Operation zu halten.

Kronprinz von Mandelstein

I

Als ich viereinhalb Jahre alt war und mir allmählich meiner selbst bewußt wurde, befanden wir uns mitten im Krieg. An einem schönen Julimorgen des Jahres 1916 saß ich, dicht an Martha gelehnt, auf demselben Bänkchen, auf dem Onkel Leib acht Jahre zuvor Freudentränen vergossen hatte. Auch das Wetter war das gleiche, die Sonne schien grell und stark. Schiffe und Boote schaukelten lustig auf den glitzernden Wellen, große und kleine Vergnügungsyachten mit schneeweißen Segeln kreuzten von einem Ufer zum anderen. Martha und ich kamen gut miteinander aus. Sie war meine Betreuerin und war aus Südlimburg in den Norden gekommen. Außer Martha gab es in unserem Haushalt in der Van Vollenhoven Straat noch ein Küchenmädchen, ein zweites Hausmädchen und ein Serviermädchen. Mutter herrschte über sie mit Marotten und Launen wie ein mittelalterlicher Despot.

Martha war sehr lieb zu mir. Sie trug ein weißmetallenes Kreuz auf dem Busen, hatte feurige braune Augen, die den Augen unserer Mutter glichen, und sie wusch sich fast nie, was ich aus dem Duft schloß, der unter ihren Achseln und zwischen ihren Beinen aufstieg. Ich beneidete Martha um diesen Geruch, denn meine allmächtige Mutter hatte verordnet, daß ich morgens und abends ein Bad nehmen, viermal täglich die Zähne putzen und bei jeder Gelegenheit die Hände waschen mußte. Ich empfand dies als eine ausgetüftelte Methode, mich zu quälen, und habe seither eine ausgeprägte Abneigung gegen alles, was mit Seife, Badewannen und Waschlappen zu tun hat.

Martha war mit einem Belgier verlobt, der vor dem Krieg bei seinen Eltern in Genk wohnte, gerade jenseits der Grenze, nicht weit von ihr entfernt. Im Juli 1914, kurz vor dem Einmarsch der Deutschen, wurde er zum Kriegsdienst einberufen. Nachdem er viel Elend im Krieg erlebt hatte, desertierte er nach Holland, um in der Nähe seiner Geliebten sein zu können. Er wurde dort in einem Barackenlager am Pompstationsweg in Scheveningen interniert. Ich wurde immer rasend eifersüchtig, wenn Martha mir sagte, daß sie nicht meinetwegen nach Rotterdam gekommen war, sondern wegen ihres Louis aus Genk. An zwei oder drei

Abenden pro Woche besuchte sie ihn mit Wurst, Käse und Zigarren. Diese Dinge kauften wir mit Rationierungskarten, die wir zweimal im Monat an einer geheimen Adresse in einer nach verdorbenen Fischen riechenden Gasse abholen konnten. Am liebsten hätte ich die Karten und die Lebensmittel, die wir dafür eintauschten, in die Maas geworfen.

Martha liebte Louis sehr und wollte ihn gleich nach dem Krieg heiraten. Sie hat mir oft ausführlich erzählt, wie tapfer er im Gefecht gegen »les Boches« gekämpft hatte, wie ihm ein Teil seines linken Arms abgeschossen wurde und wie liebevoll er in einem Krankenhaus an der belgischen Küste von Nonnen gepflegt worden war. Um Marthas willen hatte er sein Leben riskiert, als er über die Grenze schlüpfte. Manchmal las sie mir aus den Briefen vor, die er ihr aus den Schützengräben geschrieben hatte.

An diesem warmen Julitag wurde die Raserei des Krieges auch für uns spürbar. Der Wind kam aus südlicher Richtung, der Himmel war wolkenlos, die Luft glasklar. Von der Front drangen die dumpfen Geräusche der Kanonen und das unheimliche Geratter der Maschinengewehre herüber, während wir auf dem Hügel an der Maas saßen, zwanzig Meter über dem Fluß. Es war das erste Mal, daß wir diese grauenerregenden Geräusche deutlich hören konnten, sie gingen uns durch Mark und Bein. Zum soundsovielten Male erzählte mir Martha von Männern, die sich gegenseitig mit scharf geschliffenen Spaten den Schädel spalteten, von Unglücklichen, die ohne Füße flüchten mußten oder, nachdem ihnen Mund und Unterkiefer weggeschossen worden waren, vor Schmerz winselten. Auch von Ratten war die Rede, die die Leichen im Dreck der Schützengräben anfraßen, und von Särgen, die nach einem Volltreffer mitsamt ihrem Inhalt in die Luft geschleudert wurden.

Diese Lektionen in Gegenwartsgeschichte waren nicht gerade geeignet, einem Knirps von viereinhalb Jahren eine fröhliche Aussicht auf sein Leben zu eröffnen, und um so gründlicher wirkten sie. Wenn Martha mit ihrer Erzählung zu Ende war, gab sie mir für mein geduldiges Zuhören ein weiches Karamel – die harten hatte meine Mutter verboten, denn daran hätte ich womöglich ersticken können. Hand in Hand spazierten wir nach Hause, unter dem fernen Getöse von den Schlachtfeldern im Süden.

Gegen zwölf Uhr dreißig kamen wir zu Hause an. Vater erwartete uns bereits zum Mittagessen. Er hatte wenig Zeit, weil er in der Firma sehr beschäftigt war. Der Krieg hatte dem Weinhandel einen enormen Aufschwung verliehen. Im neutralen Holland konnte man mit allen kriegführenden Nationen Handel treiben. Transaktionen, die früher direkt zwischen Spanien, Portugal oder Frankreich und den jeweiligen Abnehmern abgewickelt wurden, mußten nun über neutrale Enklaven abgewickelt werden. Mit der Ausdehnung von Onkel Leibs und Vaters Geschäft hatte auch deren Wohlstand rasch zugenommen. Doch konnte man diesen Aufschwung nicht ausschließlich den Kriegsumständen zuschreiben. Die Geschäfte waren mühsam und riskant und erforderten viel Verstand und Überlegung. Frachtschiffe mit kostbarer Ladung konnten auf ihrer Reise torpediert werden, Lieferanten nutzten oft die Situation aus und schickten anstelle von Waren in der vereinbarten Qualität wertlose Produkte. Zudem nahm die Inflation in einigen Ländern derart sprunghaft zu, daß man bei Vertragsabschlüssen auf der Hut sein mußte, und auch mit den Kunden gab es für Onkel Leib und meinen Vater einige Schwierigkeiten.

Onkel Leib, der wegen seiner osteuropäischen Herkunft in den ersten Jahren noch einige Anpassungsprobleme zu überwinden hatte, war ein phantastischer Kaufmann, der bei vielen Vertrauen und Zuneigung weckte. Vater als der zweite Mann war ihm mit seinen guten Manieren und seiner Integrität eine große Stütze. Wenn Martha und ich von unserem Spaziergang zurückkamen, saß Vater in seinem Lehnstuhl und las die Morgenzeitung. Nachrichten von den Schlachtfeldern und Kommentare zur Kriegssituation beherrschten die erste Seite. Vater interessierte sich aus verständlichen Gründen besonders für die Schiffahrtsmeldungen. Aus ihnen konnte er entnehmen, welche Schiffe in Taragona, Malaga, Triest, Fiume oder Oporta ausgelaufen waren und wo sie sich im Augenblick befanden. Es waren immer Schiffe »mit segelnder Ware« für das Geschäft darunter. Auch die Währungskurse des französischen Franc, der Lira und Peseta studierte er gründlich. Ab und zu zog er einen Bleistift aus seiner Westentasche, um damit am Zeitungsrand Berechnungen zu notieren, und wenn er sich sehr konzentrierte, kam dabei früher oder später seine Zungenspitze zum Vorschein.

Um mir keinen Tadel meiner Mutter einzuhandeln, ging ich schnell meine Hände waschen und setzte mich dann an den Tisch. Mein Schwesterchen saß bereits festgebunden in ihrem Kinderstuhl, und etwas später kam das zweite Hausmädchen mit einer Schüssel Makkaroni. Alle setzten sich an den Tisch, nur Mutter fehlte. Wie üblich lag sie mit einer unerträglichen Migräne zu Bett, und ebenso üblich war es dann, daß Vater im Schlafzimmer meine Mutter zu überreden versuchte, sich doch mit uns zum Essen zu setzen. Meistens gelang es ihm. Jeder bekam seinen Anteil vom inzwischen lauwarmen Gericht, und die Mahlzeit konnte beginnen.

Mutter war in allem die Tochter der Aal Perelaar. Sie ließ nicht mit sich spaßen. Immerfort versuchte Vater, sie bei Laune zu halten, und beim Mittagessen hatte er manchmal auch Erfolg damit. Wenn es aber mißlang, warf Rozet wütend ihre Serviette hin, und es konnte auch noch der Stuhl zu Boden fallen, wenn sie zitternd und schluchzend ins eheliche Schlafgemach zurücklief. Die Türe wurde zugeknallt, und danach hörte man Mutters heftiges Gejammer durch die Wände schallen. Vater, der rechtschaffene Sohn von Simon van den Bergh und Esther Monnikendam, und die anderen Tischgenossen sahen sich dann bestürzt an. Er faltete seine Serviette zusammen, gab meiner Schwester und mir einen väterlichen Kuß, bat Martha, gut auf uns aufzupassen, und begab sich zu seinen Geschäften ins Büro.

Nach dem Mittagessen spielte ich meistens in meinem Zimmer. Über meinem Kleiderschrank hing ein Bild von Onkel Leib, das ich zu meinem vierten Geburtstag als ein Zeichen seiner besonderen Liebe geschenkt bekommen hatte. Diese Zuneigung beruhte auf Gegenseitigkeit. Durch sein entschlossenes, dabei immer freundliches Auftreten war Onkel Leib ein ruhender Pol in meinem verworrenen Leben. Leibs Ehe mit Jenny war kinderlos. Schon sehr früh sah mein Onkel in mir seinen Nachfolger. Er lobte mich überschwenglich, wenn ich kleine Aufträge gut ausgeführt hatte, und lachte herzlich, wenn ich einen Witz machte. Mutter fand dies alles gar nicht lustig, wie ich bemerkte. Auf dem Bild prunkte Onkel Leib mit einem schwarzen Schnurrbart, dessen Spitzen nach oben wiesen. Wilhelm II., der höchste deutsche Kriegsgott, war in jenen Jahren für die Schnurrbartmode maßgebend.

Gegen drei Uhr kam Mutter, nun wieder ganz ruhig, aus ihrem Schlafzimmer und holte mich zu einem Mittagsausgang ab. Manchmal tranken wir Schokolade im Café Driessen. Ich spazierte brav an der Hand meiner Mutter. Obwohl sie ein Bein nachzog, war sie eine Schönheit. Brotausträger schlugen die Deckel ihrer Karren geräuschvoll zu, um Mutters Aufmerksamkeit auf sich zu lenken, wenn wir vorbeigingen, Herren am Stand drehten sich verstohlen nach ihr um. Manchmal fuhren wir auch mit der Straßenbahn zum Spielplatz Rustwat am Ende des alten Damms. Dort bekamen meine Schwester und ich, bevor wir uns auf die Drehmühle oder die Schaukel setzten, große Gläser mit saurem Rahm. Wenn das Wetter es zuließ und der Kutscher Manus Kriel im Geschäft nicht gebraucht wurde, holte uns Tante Jenny mit der Kutsche ab, die von zwei edlen Pferden gezogen wurde. Manus tat sein Bestes, um sich so flott wie möglich zu präsentieren. Die Kutsche war blitzsauber, das Pferdegeschirr perfekt geputzt, und die Tiere hatten sogar viereckige Muster auf dem Hinterteil, ein Wunder an Frisierkunst, das ich sehr bestaunte. Da auch die Kleidung bei einer solchen Ausfahrt elegant sein mußte, hatten Mutter und Jenny Mandelstein lange Spitzenkleider angezogen, zu denen sie passende Hüte trugen. Ich mußte mich vorher noch einem besonderen Waschvorgang unterziehen, dann kämmte man mir einen messerscharfen Scheitel in meine widerspenstigen Locken, und meine Schwester mußte ein paar Stunden lang mit Lockenwicklern herumlaufen. Martha durfte sich mit einem dezenten Kleid begnügen.

Wenn Manus die Tiere in Bewegung setzte, schauten uns viele Passanten nach. Meist führte die Tour nach Kralingen oder Hillegersberg, in ländliche Gegenden mit Landhäuschen und Bauernhöfen, Kühen und Schafen. Wenn wir dort angelangt waren, gab Jenny dem Kutscher das Zeichen zum Halten. Mutter und sie fegten dann mit ihren langen modischen Kleidern die staubigen Wege, Martha und die Kinder folgten in einem Abstand von einigen Metern. Unsere Mäulchen und Taschen waren mit Süßigkeiten gefüllt, die unsere gutherzige Tante in großen Mengen mitgebracht hatte. Nach dem Spaziergang stiegen wir wieder in die Kutsche, die uns in angemessenem Abstand gefolgt war. Wir waren dann glückliche Menschen, die einen schönen Nachmittag verbracht hatten, sogar Mutter war entspannt und fröhlich. Bei solchen Gelegenheiten konnte ich das Gefühl haben, daß ich eine genauso liebe Mutter hatte wie andere Kinder. Zu Hause fiel diese Illusion schnell wieder in sich zusammen, und ich ängstigte mich vor Mutters Aggressivität, die jederzeit ausbrechen konnte.

Leibs Interesse für Pferde war größer, als man es bei jemandem vermutet hätte, der bei der rumänischen Kavallerie so viel auszustehen gehabt hatte. Nun aber, da er nicht mehr die Pferdeäpfel aus dem Stroh rechen mußte, konnte er ganz seiner Leidenschaft für edle Pferde frönen. In den ersten Nachkriegsjahren führte er seine Traber persönlich im dunkelgrauen Whipcord-Anzug mit weißer Krawatte und Zylinder zum Sieg auf den Rennbahnen. Er strahlte vor Glück, wenn »Puschka«,

»Olga« oder »Toska« Preise holten. Er war ein treues Mitglied des Rotterdamer Reitclubs »Manege« und konnte sogar meinen Vater und meine Mutter dazu bewegen, auf den Pferderücken zu steigen. Dabei beließen sie es aber auch. Sie brachten es nicht weiter als bis zu elementaren Anfängen der Reitkunst. Im Betrieb baute Onkel Leib einen Stall mit prachtvollen belgischen Zuchtpferden auf, die Fässer von den Schiffen abholten, Güter am Bahnhof oder bei den Kunden ablieferten und überhaupt für alle Transportarbeiten eingesetzt wurden.

Einmal pro Woche brachte uns der bucklige Kutscher Arie Koppelstock mit einem riesigen Rollkarren ein Kistchen soeben eingetroffener Weine aus Bordeaux, aus Burgund, aus Taragona oder Madeira nach Hause. Das bedeutet allerdings nicht, daß meine Eltern besondere Weinkenner oder gar Trinker gewesen wären. Im Gegenteil, Vater und Mutter tranken nur sehr mäßig Alkohol. Aber die Arbeitsteilung im Geschäft brachte es mit sich, daß Mutter, die besser repräsentieren konnte als ihre Schwester Jenny, Kunden aus dem In- und Ausland zu empfangen und ihnen ein gutes Mahl vorzusetzen hatte, wozu sie die Weine aus Aries Kistchen servieren ließ. Mutter verstand es, diese Weine so zu präsentieren, daß der Verkauf davon profitierte.

Wenn Fremde am Tisch saßen, war von ihren grausamen Launen nichts zu bemerken. Sie war dann die perfekte Gastgeberin. Diese Art, Geschäfte abzuwickeln, brachte uns regelmäßig in Kontakt mit Weineinkäufern aus Groningen und Maastricht, Frankfurt und Stockholm. Das waren nette, gebildete Leute, die unterhaltsam über ihre Stadt, ihr Land und viele andere Themen erzählen konnten. Im Weinfach herrschte ein hohes Niveau. Wenn Mutter bei einem solchen Geschäftsessen von einer romantischen Laune ergriffen wurde, begann sie zu singen. Einmal in der Woche nahm sie im Vorzimmer am Klavier Gesangsstunden bei einem riesenhaften Musiker, dessen Schuhe so groß wie Ruderboote waren, dessen Mähne bis zu den Schultern reichte, und der darüber hinaus auch noch eine gräßliche Fliege trug. Beim Repetieren der Solpeggi erzitterte unser Haus von der penetranten Baßstimme dieses Goliath.

So verlief das Familienleben ohne größere Ereignisse, von Mutters täglichen Ausbrüchen einmal abgesehen. Für Millionen Menschen außerhalb Hollands wütete bis 1918 der Krieg. In Holland selbst merkte man wenig davon, nur die Lebensmittelrationierungen wurden immer strenger. Jedes Jahr im August mieteten wir an der Haringkade in Scheveningen in einem dunklen Backsteinhaus eine möblierte Parterrewohnung mit Küchenbenutzung. Der Besitzer zog während dieser Zeit in den Hühnerstall im Garten. Die Hühner, soweit sie nicht der kulinarischen Leidenschaft des Geflügelhändlers zum Opfer gefallen waren, pickten an den Knollenbegonien im Blumenbeet und an den weißen Muscheln, mit denen der Gartenweg aufgeschüttet war. Tagsüber saßen meine Eltern in Strohsesseln am Strand, Martha spielte mit den Kindern im Sand. Vater trug einen Strohhut, er sah aus wie ein arrivierter Kaufmann. Auf einem alten Foto ist zu erkennen, daß Mutter einen Sonnenhut in der Größe eines Wagenrades trug und gedankenverloren vor sich hin sah, vielleicht dachte sie an ein wehmütiges Lied von Schumann. Marthas weißmetallenes Kreuz leuchtete weithin, und man konnte ihrem Gesicht ansehen, daß sie sich Sorgen wegen der teuren Rationierungskarten machte. Meine Schwester und ich labten uns aus einer Flasche an einer nicht identifizierbaren Flüssigkeit. Vervollständigt wurde das Bild durch einen korpulenten Foxterrier, der für das Lied »Das Hündchen der Reichen lebt im Überfluß« Modell gestanden haben könnte.

Im Jahr 1918 begannen sich meine Eltern an Hilfsaktionen zu beteiligen. Aus einem Zug mit hungrigen deutschen Kindern bekamen wir einen Jungen zugewiesen, der monatelang bei uns wohnte. Er wurde bei uns von einem mageren Hänfling mit eingefallenen Wangen und verängstigten Augen zu einem robusten Kerlchen aufgepäppelt, auf das wir stolz sein konnten. Er durfte mit uns in der Kutsche ausfahren und kam auch mit in die Ferien. Am Strand in Scheveningen haben wir uns herrlich mit ihm gebalgt. Sein Name war Fritz Telemann, er wohnte am Arndtplatz 20 in Osnabrück. Sein Vater war Hauptmann der Ulanen. Fritz zeigte uns oft das Foto, auf dem sein Vater in Gala-Uniform hoch zu Roß zu sehen war. Vater Telemann hatte eine beeindruckende Spitze auf seinem Helm, in unseren Augen ein Zeichen von ungekannter Macht und Größe. Seine Mutter war eine vollendete Dame mit einer enormen aufgesteckten Frisur, dunklen Augen, zierlichem Mund und einer weißen Bluse mit enganliegendem Kragen. Lieselotte, Franz' Schwester, trug auf dem Foto eine militärisch wirkende Mütze über ihren Zöpfen und einen Schulranzen.

Als Franz wieder bei Kräften war, brachten wir ihn zum Maasbahnhof. Er gab uns allen die Hand, meine Mutter und meine Schwester bekamen sogar einen Abschiedskuß. Vor seiner Abfahrt allerdings sagte er noch etwas, das ich in seiner ganzen Tragweite erst viel später verstanden habe. Er bemerkte, er habe es bei uns sehr schön gehabt, aber später, wenn er erwachsen wäre, würde er zurückkommen, »um die dummen Holländer zu belehren«. Als ich zweiundzwanzig Jahre später, im Mai 1940, als holländischer Soldat in Zeeland am südlichen Ufer eines Seearms stationiert war, lagen auf der anderen Seite ein oder zwei Kompanien des SS-Totenkopf-Regiments. Es war durchaus möglich, daß sie früher oder später auf unsere Seite hinüberwaten würden. In einer sternklaren Nacht sah ich durch mein Fernglas einen deutschen Helm langsam über dem Wasser in meine Richtung schwimmen. Wahrscheinlich sollte der Soldat herausfinden, ob der Boden einer eventuellen Überquerung standhalten würde. Wie ein Blitz schoß es mir durch den Kopf: »Franz Telemann, Arndtplatz 20, Osnabrück – er hat Wort gehalten!« Ob das wirklich zutraf, konnte ich nicht feststellen, weil der Helm in der Mitte des Stroms wieder umkehrte. Der Auftrag war anscheinend ausgeführt. Ich folgte dem SS-Soldaten mit dem Fernglas, bis er im geheimnisvollen Mondlicht ans gegenüberliegende Ufer watete und hinter dem Deich verschwand.

II

Weil mein Geburtstag ungünstig lag, kam ich erst im September 1918, also mit sechsdreiviertel Jahren, in die Schule. Entsprechend der gesellschaftlichen Position meiner Eltern wurde ich Schüler der Rotterdamer Schulvereinigung am Schiedamse Singel. Zu aller Erstaunen – nicht zuletzt zu meinem eigenen – stellte sich heraus, daß ich offenbar gar nicht dumm war. Jahrelang war ich Klassenbester oder doch wenigstens einer der Besten meiner Klasse. Das gab meinem verunsicherten Ich neuen Auftrieb. Die Söhne und Töchter der Hafenbarone, der Rotterdamer Großindustriellen, der bedeutenden Anwälte und Ärzte taten am Schiedamse Singel die ersten Schritte auf dem Weg zur Wissenschaft. Man kann nicht leugnen, daß dort ein Standesdünkel herrschte, der auch schon auf die sieben- bis achtjährigen Jungen abfärbte. Ob einer Jude war oder nicht, spielte an dieser Schule kaum eine Rolle. Wenn mich aber einer als Juden beschimpfen wollte, hatte er es mit mir nicht leicht, denn ich war kräftig gebaut und hatte harte Fäuste. Kleine Attacken anderer Kinder wehrte ich normalerweise schnell ab. Dennoch habe ich auf meinem Kopf noch eine Narbe, die mir damals ein antisemitisch gesinnter Junge mit einem spitzen Stein verpaßt hat. Im allgemeinen aber herrschten Friede und Eintracht, und ich hatte es in der

Schule sehr gut. Ich schloß viele Feundschaften, die sich allerdings aufgrund der späteren Ereignisse in meinem Leben nicht erhalten haben.

Die Noten acht, neun und zehn sowie der Vermerk »gute Arbeit« unter meinen Mathematikarbeiten und Diktaten verschafften mir in der Schule eine einflußreiche Position, die einen Kontrast zu meinem verunsicherten Dasein zu Hause bildete, wo ich zwar materiell verwöhnt wurde, aber Liebe entbehren mußte. Ich beneidete meine Klassenkameraden mit ihren lieben, sanften und warmherzigen Müttern, die ihre Nachkommen nicht malträtierten. Und ich hielt viel von meinen Lehrern. Die guten Noten, die sie mir gaben, betrachtete ich als einen Liebesbeweis. Ich glaube, daß ich es nicht zuletzt dieser Schule zu verdanken habe, daß ich trotz des Elends, das in diesem Buch beschrieben wird, mein Selbstvertrauen behalten habe.

Jeder Schüler hatte seine spezifische familiäre Beziehung zur Industrie, zum Handel, zur Schiffahrt oder zu den freien akademischen Berufen. Ohne zu prahlen – denn das gehörte sich nicht für Kinder aus guten Familien –, konnten viele aus der Klasse Eindrucksvolles von diesen Verbindungen berichten. Wenn die Lehrer meinten, daß genug gerechnet, geschrieben oder gesungen worden war, durfte ein Mädchen oder Junge etwas über den Beruf des Vaters erzählen. Sämtliche Zweige des Rotterdamer Geschäftslebens passierten so Revue: der Steinkohlehandel, die Segelherstellung, die Fässerfabrikation, die Konfektion und selbst die Produktion von Akkers Erdbeersirup, denn Louis Akker war einer meiner Klassenkameraden. Wenn ich an der Reihe war, erzählte ich mit Begeisterung von den gewaltigen Lagerhäusern voller Fässer in der Maaskade, die so riesig waren, daß die ganze Klasse darin hätte tanzen können. Ich erwähnte die Geschäftsreisen meines Vaters nach Griechenland, in die Türkei, nach Italien, Frankreich, Spanien und Portugal. Ich sprach über die Treppe aus Carrara-Marmor, die den Aufgang zum großen Büro bildete, wo an die zwanzig Männer und Frauen, Buchhalter, Sekretärinnen und andere Kräfte, emsig ihrer Arbeit nachgingen. Ich erzählte auch von dem mächtigen Privatbüro, in dem Onkel Leib und Vater hinter ihren Eichenschreibtischen die Weinproben verkosteten und die Reste dann in große kupferne Spucknäpfe spuckten. Hätten sie sie heruntergeschluckt, wären sie nach kurzer Zeit sturzbetrunken gewesen. Dies alles und noch einiges andere gab ich mit dem Stolz eines hoffnungsvollen künftigen Weinhändlers zum besten.

So dachte ich auch, wenn ich nicht auf der Schulbank saß. Dadurch, daß ich bei meiner Mutter Geborgenheit entbehren mußte, bedeuteten mir Onkel Leib, das Geschäft und alles, was damit zusammenhing, enorm viel. In meinen Tagträumen war Onkel Leib der Kaiser eines Wein-Imperiums und Vater sein höchster und wichtigster Minister. Im Büro versahen die Mitglieder des Hofstaats ihre Arbeit, und selbst die Rolle des Hofnarren war – mit dem Prokuristen Breebart – besetzt. In den Lagerhäusern beschäftigten sich die gewöhnlichen Untertanen mit dem Abfüllen, Verkorken und Verpacken der Flaschen, ich selbst aber war niemand Geringeres als der Kronprinz des Imperiums mit allen geziemenden Privilegien. Das alles stellte für mich eine Realität dar, für die zu leben sich lohnte.

III

Onkel Leib, der mit Vaters Hilfe sein Geschäft mit großer Umsicht in kurzer Zeit zum Blühen brachte, hatte aber auch seine düsteren und primitiven Seiten. Mutter behauptete, daß er kein Wort Holländisch schreiben könne und unter die Verträge lediglich ein Kreuzchen malte. Es scheint vorgekommen zu sein, daß er sich schreiend und tobend auf den Teppich warf, wenn er in geschäftlichen Angelegenheiten seinen Willen nicht durchsetzen konnte. Ab und zu warnte mich Mutter vor perversen Neigungen, die Leib angeblich hatte, und vor denen Frauen und Kinder sich in acht nehmen müßten. Von meinem Idol, das ich seit meiner frühen Kindheit verehrte, konnte ich mir so etwas nicht vorstellen. Ich nahm deshalb an, daß dies eine der unterschwellig aggressiven Bemerkungen meiner Mutter war. Fest steht aber, daß sich Leib auch noch nach vielen Jahren nicht damit abfinden konnte, daß er wegen des wohlriechenden Vertreters Aaron Beerenklauw hatte zurückstehen müssen und ihm die hübsche Rozet entgangen war. Anstatt sich zu verflüchtigen, wie dies meist bei zurückliegenden Erfahrungen der Fall ist, wurde dieses Erlebnis für ihn zu einer zwanghaften Vorstellung.
Ich bin überzeugt, daß während der ersten fünfzehn Ehejahre meiner Eltern zwischen Leib und Rozet nichts als die gewöhnliche freundschaftliche Beziehung zwischen Schwager und Schwägerin bestanden hat. Es war nichts Besonderes daran, wenn sie zusammen mit ihren Ehepartnern für einen Tag nach Brüssel oder Königswinter fuhren oder mitunter einen Abend mit anschließendem Souper in der Rotterdamer Manege verbrachten. Als Leib jedoch etwa vierzig Jahre alt war und ihm

eine langjährige Freundin den Laufpaß gab, begann seine alte Wunde wieder zu bluten. Wenn Vater zu den Châteaux de Bordeaux unterwegs war, um die Vorräte wieder aufzufüllen, oder wenn er sich in Triest oder Fiume aufhielt, um sich bei den Verkäufern wegen der Qualität der gelieferten Ware zu beschweren, versuchte sich Onkel Leib meiner Mutter in durchaus nicht platonischer Absicht zu nähern. Im Haus entstand bald eine geheimnisvolle Atmosphäre. Wir wußten nicht, ob wir ins Wohnzimmer gehen durften, wenn Onkel Leib mit einem Strauß Teerosen oder Lathyrus zu Besuch gekommen war. Rozet machte dabei anfänglich auf mich den Eindruck, als ob sie einem Abenteuer gar nicht abgeneigt war. Leib war schon lange nicht mehr der Schnorrer im ›Montefiore‹-Anzug. Er hatte sich zu einem einflußreichen Einwohner der Maasstadt entwickelt, der wegen seines geschäftlichen Talents, seines Charmes und seiner Großzügigkeit verehrt wurde. Ich glaube allerdings, daß er eine richtige Romanze anfangen wollte. Alle Voraussetzungen für ein heimliches ›viktorianisches‹ Verhältnis waren gegeben. Fast niemand wußte von dieser Beziehung, und diejenigen, die Bescheid wußten, hätten Leib und Rozet das Vergnügen meiner Meinung nach gegönnt.
Von einem Vergnügen aber konnte wohl leider keine Rede sein. Rozet war nun einmal nicht wie andere Frauen und ganz sicher nicht im Umgang mit dem anderen Geschlecht. Maurits' sporadische Bekundungen ehelicher Liebe hätte sie noch ertragen; sie hatte ihm fünf wohlgeratene Söhne und Töchter zu verdanken. Leib jedoch, der nach der Erniedrigung siebzehn Jahre zuvor nicht noch einmal eine Abfuhr erleben wollte, gab nicht auf. Wie wir später Rozets wirren Erzählungen entnehmen konnten, verlangte er mehr von ihr, als sie ihm zu geben bereit war. Verdrängte Ängste wurden in ihr wachgerufen. Der alte Perelaar hatte recht gehabt, als er von Leib verlangt hatte, seine hübsche Tochter in Ruhe zu lassen.
Leibs erotische Zudringlichkeit hinter verschlossenen Türen und Vorhängen hatte unerwartet dramatische Folgen. In Rozets seelischem Zustand trat eine Veränderung ein, die sich früher oder später vielleicht ohnedies eingestellt hätte, nun aber zu einer plötzlichen Katastrophe führte. Sie wurde vom Verfolgungswahn ergriffen. Sie begann zu phantasieren und wirr von Ungeheuern, Mördern und Monstern zu sprechen, die sie umbringen wollten. Zitternd wachte sie manchmal auf, weil sie im Traum einen Angreifer mit Messer und Scheren hinter dem blutroten Wandschirm oder hinter einem Weinfaß im Lagerhaus auf sich zukommen sah.

Der Hausarzt wurde zugezogen. Er war ein arroganter Lackaffe mit minimalen Kenntnissen und noch geringerem Verständnis. Er riet Vater, seine Teilhaberschaft in Onkel Leibs Firma sofort aufzukündigen, weil Rozet dies klar und deutlich forderte. Anfänglich wollte Maurits davon nichts wissen, und Leib beschwor ihn, im Geschäft zu bleiben. Aber Rozet, unterstützt von ihrem Arzt, brachte monatelang tagaus, tagein immer wieder ihre Forderung vor. So begannen die Gespräche über Vaters Rückzug aus dem Geschäft. Durch seinen Anwalt ließ Leib ihm noch einmal nahelegen, doch zu bleiben. Rozet und der Arzt hingegen setzten ihre Beeinflussung fort. Im Oktober 1927 endlich stand Maurits mit der für diese Zeit immensen Summe von 400 000 Gulden als Ex-Direktor und Teilhaber der Firma Mandelstein & Co. auf der Straße. Wäre Vater so vernünftig gewesen, das Geld umsichtig anzulegen und zu verwalten, hätte nicht viel fehlgehen können. Vater und Mutter hätten in Ruhe ihre Kinder erzogen und bis an ihr Lebensende im Wohlstand gelebt. Aber die Wutausbrüche der paranoiden Rozet dauerten an. Sie verlangte von Maurits den Beweis, daß er als selbständiger Geschäftsmann genauso erfolgreich sein konnte wie zuvor unter Leibs Leitung. Wenn Vater mehr Rückgrat gehabt hätte, hätte er sie einfach reden lassen und seinen eigenen Weg verfolgt. Notfalls hätte er seine Frau in ein Sanatorium bringen lassen können. Vater war intelligent, aber schwach und stand vollkommen unter dem Einfluß meiner kranken Mutter. Um seine Ruhe zu haben, gab er schließlich nach.

Das war der Anfang einer Entwicklung, die in ein kaum vorstellbares Elend führte. Nach der langjährigen Zusammenarbeit mit Onkel Leib kam Vater ohne dessen Unterstützung nicht mehr zurecht. Hinzu kam die Weltwirtschaftskrise von 1929. Weil Mutter nicht mehr in Onkel Leibs Nähe wohnen wollte und die Kinder nicht länger mit ihm verkehren durften, übersiedelten wir in ein Landhaus in Wassenaar. Dort stürzte sich Vater in sein erstes geschäftliches Abenteuer: Er wurde Teilhaber einer Kiesgrube am Rhein, in der Nähe des deutschen Städtchens Xanten. Vater hatte von diesem Geschäft nicht die geringste Ahnung und war dadurch vollkommen von anderen abhängig. Finstere Gestalten kamen zu uns, die von Vaters Geld lebten. Baggerführer in hohen Stiefeln, Tabak kauende Kapitäne von Lastkähnen erschienen und schließlich auch Vaters deutscher Geschäftsführer, ein Herr Doktor mit einem Schmiß.

Ich war damals sechzehn Jahre alt und also noch zu jung, um die Situation zu überblicken und Vater von seinen Abenteuern abzuhalten, obwohl ich auf Mutters Verlangen bei allen Geschäftsgesprächen dabei war. Als das Kiesgeschäft mißlungen war, folgte die Pfefferspekulation. Vater stieg in den Gewürzhandel ein, um den Schaden aus der vorigen Unternehmung wieder wettzumachen. Ich brauche wohl kaum zu erwähnen, daß die Pfefferpreise sich genau entgegengesetzt zu Vaters Erwartungen entwickelten, so daß der Verlust aus dem Pfeffergeschäft sich mit dem vorigen addierte. Nun geriet Vater in Panik. Von den vierhunderttausend Gulden blieben bald nur noch dreihunderttausend, dann zweihunderttausend übrig; unaufhaltsam bewegten wir uns auf den Nullpunkt zu. Angesichts der Weltwirtschaftskrise mußten selbst kaltblütigere Geschäftsleute als mein Vater, deren Handlungen nicht auch noch von einer allem Wirklichkeitssinn entfremdeten Ehefrau torpediert wurden, erkennen, daß die Umstände manchmal mächtiger sein konnten als sie selbst. Für Vater gab es keinen Halt mehr.

Vom Pfeffer zog er sich wieder auf den Weinhandel zurück, obwohl wir nicht sicher waren, ob die vertraglichen Abmachungen mit Onkel Leib das zuließen. Leib aber erhob nie Einspruch und ließ ihn gewähren. Ein Teil eines Amsterdamer Lagerhauses mit einem winzigen Büro wurde gemietet, eine armselige Imitation des Rotterdamer Betriebs. Weil er sie nicht ausreichend kontrollierte, bestahlen die Angestellten meinen Vater, der Buchhalter hinterging ihn. Seine Panik verwandelte sich in Hilflosigkeit und Entscheidungsschwäche. Die Bank lehnte die Vergabe weiterer Kredite ab, die Gläubiger und die Steuerbehörde schickten ihm den Gerichtsvollzieher auf den Hals. Die Unglücksspirale drehte sich weiter. Ich fühlte mich mit meinen siebzehn, achtzehn Jahren für alles verantwortlich und wollte für meine Eltern alles in meiner Macht Stehende tun. Aber meine jugendlichen Fähigkeiten reichten nicht aus. Jedes Fiasko sah ich auch als das meine an, jeder Gerichtsvollzieher oder Gläubiger hatte es in meiner Wahrnehmung auch auf mich abgesehen. Untrennbar fühlte ich mein Schicksal mit dem meiner Eltern, die inzwischen arme Leute geworden waren, verbunden. Freunde wendeten sich wegen Mutters Geisteszustand von uns ab. Diejenigen, die uns noch helfen wollten, wurden von ihr vergrault. Ich führte Gespräche mit Anwälten und Gerichtsvollziehern, doch die Verhandlungen mit einem Jüngling boten ihnen keine ausreichende Sicherheit. Ich sprach mit Onkel Leib und bat ihn, die Trennung rückgängig zu machen. »Ich kann für deinen Vater sicher eine Stelle finden«, sagte er. »Aber dann muß deine Mutter aufhören, mich überall zu verleumden und mich für alles Üble und Gemeine verantwortlich zu machen.« Ich zog ohne Hoffnung von dannen, denn ich wußte, daß Mutter dazu nicht zu bewegen sein würde. Ich sprach wegen der Kreditverlängerung mit der Bank. Dort wurde ich mit Geringschätzung behandelt und fast hinausgeworfen. Ich glaubte schließlich, daß ich von allen verfolgt würde, eine schreckliche Erfahrung, die nur Menschen verstehen können, die selbst derartiges durchgemacht haben.

Ich will hier keine weitere Aufzählung der lawinenartig auf uns niedergehenden Mahnungen, Zahlungsbefehle, Rechnungen, der Schriftsätze von Anwälten, Gerichtsvollziehern, Bankiers und Gläubigern geben, mit denen Vater und ich zu tun hatten. Schließlich war der Zusammenbruch vollständig. Zwei von Vaters Brüdern versuchten noch zu retten, was zu retten war, doch ohne Erfolg. Onkel Leib sorgte für eine monatliche Zahlung, die Vater über Dritte ausgehändigt wurde, denn eine direkte Unterstützung hätte Mutter in ihrem krankhaften Denken nicht angenommen. Vater tat schließlich gar nichts mehr, außer am Tag fünfzehn bis zwanzig »White-Ash«-Zigarren zu rauchen, die meine Schwestern oder ich täglich zwei- bis dreimal aus dem Zigarrenladen an der Ecke holen mußten. Er hatte sich zum stillen Raucher entwickelt, der kaum noch ein Wort sagte. Wolke nach Wolke blies er sinnend ins Zimmer und saß den lieben langen Tag in seinem mit Blumenmotiven verzierten Fauteuil, eine qualmende Sphinx. Auch seine Körperkräfte begannen nachzulassen, obwohl er noch keine sechzig Jahre alt war. Im September 1933 starb er, einsam und verlassen.

Die Trauerfeier in Wassenaar verlief wie alle anderen jüdischen Beerdigungen. Die Trauergäste trafen im Metaherhaus ein, es gab gutgemeinten Zuspruch, bedeckte Häupter erschienen hinter der kahlen Holzkiste, für die meisten Anwesenden unverständliches hebräisches Gemurmel erhob sich. Die ungeschickten Totengräber ließen trotz der dicken Taue den Sarg fast noch ins Grab poltern. Tränen und traurige Gesichter. Männer in feierlichen Anzügen, in Regenmänteln, mit hohen Hüten, Schlapphüten oder Sportmützen. Sie warfen drei Schaufeln voll Erde auf den Sarg, nochmals folgten Gebete und zum Schluß einige Dankesworte. Die Teilnahme war groß, verschiedene würdige Repräsentanten des Stammbaums standen am Grab. Es war nun einmal Sitte, auch einem Vetter, der an seiner eigenen Unfähigkeit zugrunde gegangen war, die letzte Ehre zu erweisen.

Ich erkannte Direktoren von Margarine- und Teppichfabriken und selbst den Magnaten der Fleischereien von Oss, Vaters Geburtsort. Am Eingang des Friedhofs sah ich ihre Cadillacs und Lincolns stehen, darinnen die modisch gekleideten Chauffeure, die die Abenteuer von Buffalo Bill studierten. Als ich am Schluß der Feierlichkeiten als ältester Sohn des Verstorbenen einige Dankesworte sprechen wollte, eilten die Industriekapitäne bereits zu ihren Karossen. Nach meiner Ansprache sah ich, wie Onkel Leib mir hinter einem Strauch zuwinkte. Sein martialischer dunkler Schnurrbart war einem schwarzgrauen Schnäuzer gewichen. Er trug einen schwarzen Bowlerhut, der ihn alt aussehen ließ, einen schwarzen Mantel und eine schwarze Krawatte. Ich sah die Perle der Krawattennadel, die mir noch von früher bekannt war. »Mein Beileid, Junge«, sagte er. »Es tut mir leid, daß alles so gekommen ist. Ich habe deine Mutter, deinen Vater, ich habe euch alle sehr geliebt.« Tränen standen in seinen Augen, so gerührt hatte ich ihn noch nie gesehen. »Es fällt mir schwer, das noch zu glauben«, antwortete ich. »Aber ich danke dir trotzdem, daß du gekommen bist.« Wir gaben uns die Hand, und Onkel Leib schloß sich der dem Ausgang zustrebenden Trauergemeinde an. Einen Augenblick stand ich reglos zwischen den Grabsteinen, ich konnte mich nicht bewegen. Als ein Familienmitglied kam, um nachzusehen, wo ich blieb, da ich mit den anderen Hinterbliebenen zusammen zurückfahren mußte, waren meine Augen rot und geschwollen. Unter meinem für diesen Anlaß geliehenen Hut stand kalter Schweiß. Ich warf einen letzten Blick auf den inzwischen aufgeworfenen Grabhügel und ließ mich zur vordersten Limousine führen.

Schwerarbeit für ein korrektes Leben

I

In dem Jahr, in dem die amerikanische Börse mit Getöse zusammenbrach, am Anfang also eines für fast alle düsteren Jahrzehnts, bestand
ich mit guten Noten das Abitur. Da in den Krisenjahren die Geschäfte
meines Vaters schnell bergab gingen, wagte ich nicht, ein langdauern-
des Studium zu beginnen. Eigentlich wäre ich am liebsten wie mein
Onkel Daniel Arzt geworden. Aber in Anbetracht der Tatsache, daß
man selbst mit einem abgebrochenen Ökonomiestudium immer noch
etwas anfangen kann, während man mit einem halben Medizinstudium
allenfalls noch Krankenpfleger werden konnte, ließ ich mich als Sieb-
zehnjähriger an der Handelshochschule in Rotterdam einschreiben.
Ich arbeitete schnell und systematisch. Als Neunzehnjähriger war ich
einer der ersten dieses Jahrgangs, die das Kandidaten-Diplom nebst
einer lobenden Bemerkung des Professors der Statistik in Empfang nehmen konnten. Ich war nämlich der einzige von einhundertzwanzig Studenten gewesen, der ein schwieriges Problem gut gelöst hatte. Ein
Fonds der Universität belohnte dieses gute Resultat mit einer Reise
nach Südfrankreich und Katalonien. Als ich von der Studienreise zurückkehrte, war mein Geld aufgebraucht. Da die finanziellen Verhältnisse meiner Eltern meine Unterstützung unmöglich machten und ich
seelisch noch an den Ereignissen der vergangenen Jahre litt, wurde ich
depressiv und begann an Schlaflosigkeit zu leiden. Als ich mich immer
erschöpfter fühlte, empfahl mir ein Kommilitone einen Besuch bei
einem Neurologen in Rotterdam. Dr. Zakko empfing mich wohlwollend. Während der folgenden Untersuchung aber verdüsterte sich sein
Gesicht. Er hatte in meinen Augen und in den Reflexen meiner Arme
und Beine etwas entdeckt, was ihn annehmen ließ, daß ich höchstens
noch sechs Monate zu leben hatte. Er diagnostizierte eine erbliche vene-
rische Krankheit im fortgeschrittenen Stadium. Ich könnte selbst am
besten zurückverfolgen, welchem meiner Ahnen ich sie zu verdanken
hätte, erklärte Dr. Zakko. Es sei nun einmal sein Prinzip, den Patienten
die Wahrheit zu sagen.
Eine Viertelstunde später stand ich draußen. Ich war zu benommen,

um einen Entschluß zu fassen. »Noch sechs Monate«, wiederholte ich mir mehrmals. Dann beschloß ich, mich in meinem Stammlokal zu betrinken, das war die einzige Reaktion, die mir sinnvoll erschien. Trotz meiner geradezu professionellen Ausbildung im Genuß von Weinen war ich, was Alkohol anging, äußerst maßvoll. Ich brauchte nicht mehr als sechs Gläschen klaren Genever, um vollkommen betrunken zu sein, und ich kann mich nicht erinnern, ob ich überhaupt meine Zeche bezahlt habe. Ich schaffte es noch bis zu einem der mächtigen Lagerhäuser am Zalmhaven, dort sank ich nieder, den Kopf auf einem Stein. Einige Kommilitonen trugen mich fort und betteten mich in eine Studentenbude. Als ich am nächsten Morgen erwachte und mir einer meiner Helfer ein kräftiges Frühstück servierte, fiel mir mein Problem wieder ein, und nachdem ich eine weitere Nacht durchgeschlafen hatte, dachte ich wieder klarer und bezweifelte die Diagnose von Zakko.

Studentenpfarrer, Beichtväter und Rabbiner für Studenten gab es im Jahr 1931 kaum. Ein Student, der in einer schwierigen Lage war, mußte allein versuchen zurechtzukommen – »laissez passer, laissez aller« war eine im Studentenmilieu gebräuchliche Parole. Ich wandte mich an einen mir bekannten Hausarzt, der bereit war, noch einmal mit Dr. Zakko zu sprechen. Nach einigem Zureden war dieser dann bereit, mir ein Empfehlungsschreiben für Professor Carp in Leiden auszustellen, der eine Kapazität auf diesem Gebiet war. Der Professor sollte mich genauer untersuchen, als dies bei Zakko geschehen war. »Man kann nie wissen«, sagte der zum Abschied achselzuckend.

Eine Woche später traf ich mit einem abgenutzten Koffer, in dem sich Pyjama und Zahnbürste befanden, am Eingang von Professor Carps Klinik in Leiden ein. Der Herr Professor empfing mich in Begleitung dreier freundlicher Assistenten in weißen Mänteln. Drei Tage lang sollte ich der Gegenstand eingehender Untersuchungen sein, zwei Nächte sollte ich in der Klinik verbringen. »Wir erledigen hier alles sehr gründlich«, sagte der Professor.

Am ersten Abend gab der örtliche Amateurtheater-Verein in der überfüllten Aula der Klinik eine Vorstellung auf Kindergarten-Niveau. Die Patienten im Saal lachten gutmütig. Ich selbst saß auf der Empore zwischen Ärzten, Pflegerinnen und Pflegern, da man mich glücklicherweise als ambulanten Patienten einstufte. Ab und zu schaute ich über die Balustrade in den Saal hinunter. Da war eine wunderliche Gesellschaft versammelt, zu der ich lieber nicht gehören wollte. Aber je nach dem Ausgang meiner Untersuchung konnte ich selbst auch bald dazuzählen. An die Untersuchungen, die folgten, kann ich mich kaum noch erinnern. Fast jedes Organ wurde überprüft und meine Reaktionen und Körperfunktionen getestet. Am dritten Tag um 15 Uhr mußte ich abermals beim Professor vorsprechen, die Assistenten waren wieder in der gleichen Formation um ihn herum gruppiert. Der Professor schüttelte mir die Hand und gratulierte mir. Die von Zakko festgestellten Erscheinungen hatten keinerlei Bedeutung, es waren Reflexe ohne tiefere Ursache, was allerdings selten vorkam. Zakkos Irrtum sei daher zu verstehen, sagte der Professor. »Und Sie sind einer von ganz wenigen, die von mir ein Attest darüber bekommen können, daß eine Reihe schrecklicher Krankheiten bei Ihnen mit Sicherheit nicht gegeben sind«, fügte er hinzu. Ich dankte dem Professor und seinen drei Jüngern für die Untersuchungen, und eine halbe Stunde darauf saß ich wieder in der blauen Straßenbahn, die mich nach Den Haag zurückbrachte.

Es dämmerte bereits, als ich die Mansarde betrat, die ich seit einiger Zeit als vorübergehende Unterkunft gemietet hatte und die es mir ermöglichte, mich von den häuslichen Dramen etwas zu distanzieren. Dort lag auf dem braungebeizten Schreibtisch neben dem Klappbett schon eine neue Überraschung für mich bereit. Dora, das dunkelhaarige Mädchen aus guter Familie, das in den letzten Monaten ein unentbehrlicher Teil meines Lebens geworden war, weil ich mich nur mit ihr über mein zunehmendes Elend unterhalten konnte, hatte endgültig genug von mir und meiner hoffnungslosen Lebensgeschichte. Ich fand eine kurze, aber vielsagende Notiz von ihr vor. Dora würde nicht mehr zu mir kommen. Sie hatte sich mit Jan Volenaar verlobt, einem Kommilitonen, der meines Erachtens ein Muster an materialistischer Lebenseinstellung und Grobheit war. Ich glaubte, daß ich diesen Verlust leicht verkraften würde, mußte aber bald feststellen, daß das Gegenteil der Fall war. Ich begann mit meinem Schicksal zu hadern. Kollegen, die mich besuchten, gaben mir den Rat, meine Gedanken aufzuschreiben, da einem dies erfahrungsgemäß Erleichterung verschaffte. Ich brachte daraufhin in den Jahren 1932 und 1933 Erzählungen, Gedichte und sogar ein Theaterstück zu Papier. In einer Novelle wollte ich Jan und Dora deutlich machen, wie sehr ich sie verachtete. Den Helden Rudolf ließ ich darin untergehen. Vollkommen mit meinem Vater identifiziert, wäre ich am liebsten wie er als Versager aus der Gesellschaft verschwunden. Nun mußte Rudolf dieses Schicksal für mich erleiden.

II

Nach diesen Episoden setzte ich mein Studium fort und beschäftigte mich wieder mit Ideen und Theorien, als gäbe es nichts Schöneres auf dieser Welt. Gerade, als mir langsam klar wurde, daß ich mein Studium aus finanziellen Gründen nicht mehr lange würde aufrechterhalten können, bot sich ganz plötzlich eine Lösung des Problems. Die Sekretärin meines Großcousins Isidore überbrachte mir die Mitteilung, daß ich ihn in seinem Büro in der Chemiefabrik Cindram, einer Tochter des mächtigen Gullico-Konzerns in Rotterdam, aufsuchen solle. Wir vereinbarten ein Treffen im folgenden Monat, da Isidore zunächst noch nach San Francisco und auf die Bahamas reisen mußte. Als ich dann zur verabredeten Zeit das riesige Bürogebäude betrat, wurde mir schwindlig. Noch nie war es mir vergönnt gewesen, einen Top-Industriellen in seiner Bastion aufzusuchen. Ich meldete mich beim Pförtner. Nach einigen Telefonaten und einer Wanderung durch die imposanten Gänge saß ich mit im Schoß gefalteten Händen im Zimmer der Sekretärin, die in erstaunlich schnellem Tempo Briefe und Aktennotizen tippte. Ich saß fünf Viertelstunden lang dort und machte zum ersten Mal die Erfahrung, daß die Mächtigen dieser Erde ihre Besucher gern längere Zeit auf sich warten lassen.

Dann kam mein Vetter persönlich, um mich zu holen. Er war kahl und leicht korpulent, doch machte er einen vitalen Eindruck. Die Begrüßung war heiter. In dem mit Teakholz getäfelten Direktionszimmer sahen mich aus goldenen Rahmen einige Ahnen des Stammbaums aus dem 19. Jahrhundert an. Isidore begann ein Gespräch über meine Großeltern und Eltern, wir verstanden uns sofort gut. Obwohl eine unermeßlich große gesellschaftliche Kluft zwischen diesem Industriegiganten und mir bestand, hatte ich doch das Gefühl, daß wir freundschaftlich miteinander umgehen konnten. Nach seiner freundlichen Einleitung sprach Isidore über mich und mein Studium. Er wußte, daß die Professoren voll des Lobes über mich waren, denn die Cindram AG unterhielt enge Kontakte zur Universität. Trotz der Depression habe die Industrie im Hinblick auf ihre Zukunftssicherung Interesse an begabten jungen Leuten, sagte Isidore, während er mir eine Rauchwolke ins Gesicht blies. Ich dankte ihm für seine freundlichen Worte und entgegnete, daß ich sehr gern einen Vorschlag von ihm annehmen würde. »Es wäre schade«, antwortete er, »wenn jemand, der so jung seine Zwischenprüfung bestanden hat, damit sein Studium beenden würde.« Er persönlich erkläre sich bereit, mein Studium zu finanzieren. Er bot mir für drei Jahre einen monatlichen Betrag von 125 Gulden an, und wenn ich erst einmal Doktorand wäre, würde meine Bewerbung bei Gullico wohlwollend geprüft werden. Sobald ich anständig verdiente, könnte ich ihm dann die Summe zurückzahlen.

In den düsteren Jahren 1931/32 klang dieser Vorschlag wie Musik in meinen Ohren. Ich beteuerte ihm meine unermeßliche Dankbarkeit und durfte mit ihm im Speisesaal der Direktion essen. Dort wurde uns von zwei charmanten Kellnerinnen ein Imbiß aus der Küche des Hauses serviert – der Konzern produzierte nämlich nicht nur Chemikalien, sondern auch luxuriöse und weniger luxuriöse Nahrungsmittel. Als ich das Gebäude verließ, wurde ich vom Pförtner mit Respekt verabschiedet, denn wer im Direktions-Speisesaal speiste, mußte eine wichtige Persönlichkeit sein.

Sechs Monate lang lebte ich materiell sorgenfrei. Ich versuchte, mein altes Studientempo wiederzuerlangen, aber es gelang mir nicht. Obwohl ich noch zweieinhalb Jahre vor mir hatte, kam mir der Gedanke, daß ich Isidore enttäuschen würde, wenn ich nicht zeitig mit meinem Studium fertig würde. Dieser Gedanke war für mich eine große Belastung. Als eine Mitstudentin, die ich gern hatte und mit der ich regelmäßig zusammenarbeitete, zwanzig Jahre alt wurde, beschloß ich, sie an einem Abend in den Tanzklub »The House of Lords« auszuführen, ein ziemlich teures Lokal in Den Haag. Wir gaben nicht übermäßig viel Geld aus, dennoch kostete mich diese Einladung 15 Gulden. Zwei Tage später lag auf meinem Schreibtisch ein vertraulicher Brief meines Vetters Isidore, in dem er mir mitteilte, daß mein monatlicher Unterhalt auf 95 Gulden verringert würde. Er habe mit eigenen Augen festgestellt, daß ich mich mit seinem Zuschuß amüsierte, und das habe nicht in seiner Absicht gelegen. Der Brief wirkte auf mich wie ein elektrischer Schlag. Ich hatte Isidore an diesem Abend nicht bemerkt. Im hinteren Teil des Saales im »House of Lords« gab es ein paar exklusive Logen im Halbdunkeln. Dort tranken einige reiche Herren mit Damen unterschiedlichen Niveaus Champagner. Wahrscheinlich war Isidore einer von ihnen gewesen.

Hätte ich nach diesem Brief meinen gesunden Menschenverstand gebraucht, dann hätte ich darauf eine freundliche oder auch unterwürfige Antwort verfaßt, und die Sache wäre im Sande verlaufen, denn Isidore war nicht nachtragend. Gepeinigt durch Ereignisse, die mit meinem Vetter nichts zu tun hatten, schrieb ich ihm aber zurück, ich dächte gar nicht daran, nach seiner Pfeife zu tanzen. Daß ich von ihm ein Stipendium erhielte, sei für mich kein Grund, auf meine Freiheit zu verzichten. Neben diesem Inhalt war auch der Ton des Briefes nicht gerade dazu angetan, einen Wohltäter versöhnlich zu stimmen. Das war natürlich das Ende der monatlichen Zahlungen und meiner Berufs-Chancen bei Gullico. Isidore schrieb mir, daß es ihm leid tue, daß ich so negativ reagierte, und forderte mich auf, ihm die sechs Raten zurückzuzahlen.

Nach dieser Korrespondenz ging ich in Sack und Asche. Die Wirtschaftskrise hatte ein solches Ausmaß angenommen, daß ein Student der Ökonomie keine beruflichen Aussichten mehr hatte, und fand er eine Stellung, dann war das Gehalt unter aller Kritik. Hinzu kamen die ersten Symptome einer der schrecklichsten Perioden dieses Jahrhunderts: angsteinflößende politische Entwicklungen in verschiedenen Ländern, Massenarbeitslosigkeit, das Aufkommen der Nationalsozialisten und ihrer Idee vom »Dritten Reich« jenseits der Ostgrenze Hollands, erste Ahnungen von kommenden Judenverfolgungen und Konzentrationslagern und die rasch wachsende Kriegsgefahr. Ich wendete mich an die Arbeitsvermittlung für Studenten. Dort lag in meinem Dossier ein Empfehlungsschreiben des Statistik-Professors, dessen Prüfungsaufgabe ich als einziger gelöst hatte. Das hatte mir sein Wohlwollen eingetragen. Als eine Großbank einen tüchtigen Statistiker suchte, wurde ich daher unter Umgehung vieler Mitbewerber direkt eingestellt. So war wieder für mich gesorgt.

Ich war einer von vielen Angestellten in einer großen Abteilung, die unter der Leitung des tüchtigen und sympathischen Dr. Tekens stand. Er hatte einen kleinen Sprachfehler, aufgrund dessen er den Buchstaben »o« wie »au« aussprach. Das hatte einen intensiven Imitationsdrang bei den Lohnsklaven zur Folge. Diejenigen, die beweisen wollten, daß sie auf vertrautem Fuße mit dem Chef standen, machten sich den Sprachfehler als ein Statussymbol zu eigen. Schließlich hatte die ganze Abteilung als eine Art Ehrenbezeugung für Dr. Tekens dessen Sprachfehler übernommen, einzig die Katze miaute weiter wie zuvor.

Die Arbeit in der Abteilung war angenehm, und ich konnte zu meinen an der Universität erworbenen Kenntnissen noch etliches dazulernen. Darüber hinaus fühlte ich mich den unglücklichen Ereignissen in meinem Leben nun weniger ausgeliefert, die Arbeit verschaffte mir Selbstvertrauen. Als ich schließlich einen eingeschriebenen Brief vom Verteidigungsministerium erhielt, hatte ich mit meiner Einberufung zum Militärdienst schon gar nicht mehr gerechnet. Auf einen Aufschub konnte ich nicht zählen. Dr. Tekens reagierte verständnisvoll, als ich ihm die Lage erklärte. »Das ist für dich und mich eine Enttäuschung«, sagte er, »aber ich werde die Stelle für dich freihalten.« Voller Dankbarkeit verließ ich die Bank und zog die Uniform der Königin an.

Ich wurde der Feldartillerie zugeteilt. Das bedeutete Geschütze verschiedener Kaliber, die von Sechsspännern gezogen und von berittenen Offizieren und Unteroffizieren begleitet wurden, eine seit dem 1. Weltkrieg technisch überholte Waffengattung. Anfangs verstand ich nicht, weshalb ich bei dieser schweren, berittenen Abteilung gelandet war, dann aber fiel mir wieder ein, daß ich sie vor vier Jahren aus nostalgischer Erinnerung an Onkel Leib als meine erste Wahl auf einem Formular angegeben hatte.

Bei der Offiziersausbildung in Ede stand eine große Anzahl teils sehr mühsamer Theorielektionen auf dem Programm. Die Berechnung der Flugbahn eines Geschosses beispielsweise war keine Kleinigkeit. Ferner hatte man etliche praktische Tätigkeiten auszuführen wie etwa die nächtliche Stallwache. Fünfundzwanzig Jahre, nachdem Onkel Leib in Constanza den Rechen hingeworfen hatte, lief ich nun mit einem identischen Instrument in den spärlich erleuchteten Ställen herum, um die Pferdeäpfel zusammenzukehren. Die Stallwache war aber vor allem eine stimmungsvolle Angelegenheit. Das Wegfahren eines Schubkarrens mit Pferdemist unter dem glitzernden Sternenhimmel war, so seltsam es auch klingen mag, ein romantisches Erlebnis, das mich nicht unberührt ließ. Als ich nach sechs Monaten den Rang eines Wachtmeisters erreicht hatte, erhielt ich die Aufsicht über andere Soldaten, und das war das Ende der Romantik. In den Reitstunden gab ich eigenartige Laute von mir, da ich einer der wenigen war, die die Reitkunst erst noch von der Pike auf lernen mußten. Meine Mitrekruten hatten die berittene Waffengattung in der Regel gewählt, weil sie schon zu Hause den Umgang mit Pferden gelernt hatten. Mein einziger Kontakt mit den stolzen Rossen hatte hingegen darin bestanden, daß ich den Hengsten vor Tante Jennys Kutsche unter den ängstlichen Blicken meiner Mutter einige Zuckerstücke geben durfte.

Ich wurde gleich in einen Kurs für Fortgeschrittene gesteckt. Das Gelächter über meine unfreiwillig clownesken Darbietungen hatte seinen guten Grund. Der Reitlehrer, ein Unteroffizier, trug manchmal noch dazu bei, indem er mich auf ein widerspenstiges Tier setzte oder in meiner Nähe mit der Peitsche knallte und wie ein Zirkusdirektor in der

Manege stand. Einmal mußte ich sogar für drei Wochen ins Spital in Arnheim, weil ich unter einer bleischweren Rosinante zu liegen gekommen war. Zweifellos spielte in diesen Aktionen eine Art von holländischem Antisemitismus mit, und doch hatte ich während meines Dienstes niemals das Gefühl, daß meine Kollegen und Vorgesetzten mich quälen wollten. Im Gegenteil. Durch den straffen Dienstplan, die vielseitige körperliche Bewegung und die unter den meisten Rekruten meines Jahrgangs herrschende Kameradschaft war ich nach einigen Monaten bereits so gefestigt, daß ich mich im Leben mit Pferden gut zurechtfand.

Den Abschluß der Ausbildung krönte die Vereidigung in Bergen op Zoom. Auf einem Foto aus dem Jahr 1935 bin ich als einer von vier jungen Leutnants zu sehen, alle mit einem Stern am Kragen und auf etwas plumpen Pferden sitzend, die Hand am Helm, den Riemen unter dem Kinn und den Säbel an der linken Seite des Sattels. Kurz nachdem das Foto aufgenommen worden war, schworen die vier jungen Männer Ihrer Majestät, der Königin, die Treue. Drei Jahre später, nach einigen Reservistenlehrgängen, kam ein zweiter Stern auf meinem Kragen dazu, doch dabei ist es dann geblieben.

Nach meiner Wehrdienstzeit kehrte ich auf meinen Posten bei der Bank zurück, Dr. Tekens hatte Wort gehalten. Bis Mitte 1938 arbeitete ich dort, ab und zu machte ich auch noch ein Examen im Abendstudium. Im Juni 1938 wurde ich durch die Vermittlung eines Bekannten erster Assistent des Amsterdamer Professors und Wirtschaftsprüfers Dr. Max Scheelvink. Ich entschloß mich zu diesem Schritt, weil ich meine praktischen Kenntnisse anwenden wollte und die Arbeit in einer Bank nun hinreichend kennengelernt hatte. Scheelvink war ein militanter Jude, ein Mann, der die Welt in Schwarz-Weiß-Kontrasten sah. Er stammte aus einer Arbeiterfamilie und hatte sich mit Intelligenz und Energie auf der gesellschaftlichen Stufenleiter nach oben gearbeitet. Er hatte ein Lehrbuch verfaßt, aus dem er derart schwierige Examensfragen stellte, daß er der Schrecken jedes Ökonomiestudenten in Amsterdam und Umgebung war. Als Mitglied der sozialistischen Arbeiterpartei propagierte er einerseits den Klassenkampf und ließ zugleich seine Assistenten, alle drei ebenfalls jüdischen Glaubens, wie Galeerensklaven für sich arbeiten. Wir rackerten von früh bis spät. Am Silvesterabend des Jahres 1938 saßen wir bei Keksen und Kaffee, der auf dem Gaskocher im Büro brodelte, und hatten die Bilanz eines Vereins zu überprüfen, die in der ersten Woche des neuen Jahres fertig sein mußte. Im Wohnzimmer unseres Brötchengebers hörten wir die Champagnerkorken an die Decke knallen. Ich merkte bald, daß mein Chef mir gegenüber wenig freundschaftliche Gefühle hegte und mir die beiden abfälligsten Schimpfworte aus seinem Vokabular zudachte: Kapitalist und Assimilant. Das erste war aus seinem Mund noch begreiflich. Ich kam nun einmal aus einem anderen Milieu als er, und daher unterschieden sich auch unsere sozialen Auffassungen. Daß dies aber zur totalen Verachtung seinerseits führen mußte, habe ich nie verstanden. Noch trauriger stand es mit dem zweiten Schimpfwort. Indem Scheelvink mir das Etikett »Assimilant« anhängte, wollte er mich als Abtrünnigen brandmarken, der seine jüdische Identität zugunsten der vollständigen Integration in eine nichtjüdische Umgebung möglichst schnell loswerden wollte. Die Ereignisse, die ihren Anfang an einem Schabbatmorgen im Jahr 1908 in der Boompjes-Synagoge genommen hatten und auf dem jüdischen Friedhof in Wassenaar in dem Augenblick endeten, da Vater unter der Erde verschwand, hatten mich fast mit in den Abgrund gerissen. Ich fand, daß ich nun das Recht auf meine eigenen Gedanken und auch auf ein bißchen Ruhe hatte. Das fanatische Gerede meines Arbeitgebers irritierte mich daher über alle Maßen.

Bald hatte ich begriffen, daß es keinen Sinn hatte, mit ihm darüber zu diskutieren, denn Weiß blieb Weiß und Schwarz Schwarz. Als Scheelvink von mir verlangte, daß ich Mitglied einer zionistischen Organisation werden sollte, weigerte ich mich – nicht aus Prinzip, denn einen selbständigen jüdischen Staat hielt ich für eine gute Idee; aber ich fand, daß der Professor sich um seine eigenen Angelegenheiten kümmern sollte. Viele Jahre später verstand ich, daß dieses unerfreuliche Gezänk symptomatisch war für die geistige Gespaltenheit der jüdischen Bevölkerung jener Jahre. Die jüdische Religion hatte ihre verbindende und tröstende Kraft verloren. An ihre Stelle waren nun ein dogmatischer Sozialismus oder ein leidenschaftlicher Zionismus getreten. Einige Juden gerierten sich in diesen Fragen päpstlicher als der Papst oder als übertrieben ehrgeizige Wissenschaftler. Und doch verfügten viele von ihnen über genug Intuition, um zu wissen, daß dies alles nichts nützen würde, wenn die Nazimörder ihren Aufmarsch in Europa fortsetzten. Die Auseinandersetzung zwischen Scheelvink und mir war ein Ausdruck von Panik vor einem schnell herannahenden Unheil.

III

Anfang August 1939 fuhr mein Arbeitgeber mit seiner Freundin nach Nizza in die Ferien. Er übertrug mir, trotz aller persönlichen Vorbehalte, die Leitung des Büros. Einige Tage später überbrachte mir ein Unteroffizier den Marschbefehl nach Vlissingen. Ich sollte dort die Batterie mobilisieren und deren Kommando übernehmen. Ich übergab meinen Kollegen Monasch und Rimini die laufenden Geschäfte und begab mich gestiefelt und gespornt in den Hafenort in Zeeland. Dort wurde ich bei einem freundlichen, wohlgenährten Kaplan einquartiert, der mich während der paar Tage, die ich in Vlissingen verbrachte, regelrecht verwöhnte. Ich aß zusammen mit meinem Gastgeber im Eßzimmer des Pfarrhauses. Die Bordeaux- und Burgunderweine, die wir dort tranken, wären auch in einer von Aries Kisten nicht unangenehm aufgefallen. Natürlich waren diese kulinarischen Freuden Nebensache. Ich mußte hart arbeiten, um den mir übertragenen militärischen Aufgaben zu genügen. Mir oblag das Requirieren von sechzig Pferden, das Quartiermachen für die Mannschaften, die bald eintrafen, das Besorgen von Stallungen und Futter für die Tiere und vieles mehr. Ich wurde dabei von einem zweiten Leutnant und zwei Unteroffizieren unterstützt.

Die Mobilmachung der Batterie verlief gut. Nach dreieinhalb Tagen Plackerei konnten wir in das Dorf Rilland-Bath abrücken, wo wir während der ersten drei Monate stationiert sein sollten. An der Spitze meiner Batterie kam ich dort an. Pferde und Mannschaften brachte ich auf Bauernhöfen unter, ich selbst wohnte in einem trostlosen alleinstehenden Haus an der Mündung der Westerschelde. Dies war die Amtswohnung eines Beamten des Hafenzolldienstes, der durch seine jahrelange Einsamkeit ein in sich gekehrtes Wesen angenommen hatte. Der Kaper-Kapitän, wie ich ihn nannte, nahm mich sehr herzlich bei sich auf. Bei Tagesanbruch fuhr er zusammen mit einem Kollegen in einem blaugrauen Motorboot davon. Bevor ich in den Polder zu meinen Mannschaften und Pferden ging, winkte ich den beiden vom Bootssteg aus nach. Nur das Kreischen der Möwen durchbrach die unendliche Ruhe über dem breiten zeeländischen Meeresarm, über dem die Strahlen der aufgehenden Sonne ein wundersames Farbenspiel entfalteten.

Die Frau des Zollbeamten war durch Mangel an Kommunikation zu einem vereinsamten Wesen geworden, das kaum sprach und wie ein nervöser Schatten durch das spärlich möblierte Haus trippelte. Dort wurde nie gebacken, gekocht oder gebraten, es gab nur ein Standard-menü: Korinthenbrot, dick bestrichen mit Margarine, und Kaffee ohne Milch. Morgens und manchmal auch mittags aß ich mit. Das Abend-essen genoß ich am Offizierstisch in einem Café, das sich wie ein steiner-ner Klotz mitten im Zuckerrübenland erhob. Die Teilnehmer waren zehn bis zwölf Infanterie-Offiziere aus der Umgebung und ich. Als ich das fünfte oder sechste Mal an dieser Abendtafel saß, erhielt ich aus der Hauptstadt einen dringenden Anruf. Das Telephon, bestehend aus einem Sprechrohr und einer Muschel, entsprach dem Stand der Fern-sprechtechnik von vor zwanzig Jahren. Anfänglich vernahm ich nur ein undefinierbares Geräusch. Allmählich aber wurde mir klar, daß Dr. Max Scheelvink am anderen Ende der Leitung mit mir sprach. Of-fenbar war er aus Nizza zurück. Als ich mich ein wenig an die schlechte Verbindung gewöhnt hatte, verstand ich, daß der Professor mir fristlos kündigen wollte, weil ich das Büro entgegen seinen Anweisungen im Stich gelassen hatte. Der Herr Professor war der Meinung, daß ich seine Rückkehr hätte abwarten und ihm die Geschäfte persönlich hätte über-geben müssen. Daß ich Monasch und Rimini als Platzhalter eingesetzt hatte, war für ihn Grund genug zur Kündigung. Ich war zu perplex, um diesem Vorkämpfer der Arbeiterklasse zu widersprechen, und antwor-tete lediglich, daß er tun solle, was er nicht lassen könne. Ich knallte den Hörer derart auf den Apparat, daß die Muschel herunterfiel und auf dem Boden des Cafés liegenblieb. Dann widmete ich mich wieder mei-nem Kalbsschnitzel mit Spinat, das der aufmerksame Wirt im Ofen warmgehalten hatte.

Etwa einen Monat nach der Mobilmachung traf ich zum ersten Mal meine spätere Frau. Eine gemeinsame Kusine hatte die Begegnung her-beigeführt. Ich hatte keine Gelegenheit, mich, wie mein Vater im Sep-tember 1909, in Schale zu werfen, und Lackschuhe mußte ich mir auch nicht anschaffen. Ich kam in Uniform mit Stiefeln und klirrenden Spo-ren. Der Geruch nach Pferden gab diesem Treffen eine exzentrische Note.

Die Familie meiner zukünftigen Frau nahm mich herzlich auf. Seit dem Debakel bei mir zu Hause hatte ich kaum Beziehung zu einem normalen Familienleben, ich mußte mich erst wieder daran gewöhnen. Meine Verlobte besuchte mich regelmäßig in Zeeland. Sie wurde vertraut mit den Besonderheiten und Kuriositäten des Militärs. Im April 1940 starb mein zukünftiger Schwiegervater, und obwohl die Armee sich in Alarmbereitschaft befand, bekam ich einen Tag Urlaub, um an der Beerdigung in Bussum teilzunehmen. Die Reise von Zeeland in den Norden war nicht einfach, weil man nicht mehr alle Strecken des Landes befahren durfte. Mit Müh und Not kam ich gerade noch rechtzeitig zur Beerdigung an und war auch zur festgesetzten Zeit wieder bei meiner Batterie. Kurz darauf erreichte mich der Befehl, die Kampfstellung am Fluß einzunehmen und die Geschütze gefechtsbereit zu machen. Die Armee war auf den Krieg vorbereitet. Die Invasion begann in den frühen Morgenstunden des 10. Mai 1940.

Die Kriegstage waren durch Warten und das Entgegennehmen von Instruktionen gekennzeichnet, denen weitere Instruktionen folgten. Schließlich bekam ich den Befehl, mich zum Hafenort Stavenisse zu begeben. Die Niederlande mit Ausnahme von Zeeland hatten bereits kapituliert. In Stavenisse wurde das dort liegende Kriegsschiff von Stukas bombardiert. Das bedeutete: weiße Flagge und Übergabe. Hauptsturmführer Binder stellte sich den besiegten holländischen Offizieren vor, selbst seinen Handschuh zog er aus, um uns die Hand zu geben. Er erklärte uns, daß wir Büromenschen und Bauernjungen gegen die Berufssoldaten seines Totenkopf-Regiments keinerlei Chancen gehabt hatten. Obwohl wir selbst auch dieser Meinung waren, hielt er es für notwendig, seine Behauptung unter Beweis zu stellen. Er ließ auf dem Marktplatz des Städtchens ein Dutzend Mannschaften unter Leitung eines Unteroffiziers zu einer militärischen Demonstration antreten. Das Kommando durch Scharführer Heinrich gab uns ein Musterbeispiel für militärischen Fanatismus. Die SS-Männer, lauter junge, identisch aussehende Germanen, deren Köpfe unter großen Kruppstahlhelmen mit eingraviertem Totenkopf verborgen waren, folgten den Befehlen mit jahrelang geübter Disziplin, heiligem Feuer und fachmännischem Können. Augen geradeaus, vorwärts, rückwärts, linksum, rechtsum, drei Minuten Stechschritt, der von den alten Häusern des Platzes widerhallte, dann regloses Auf-dem-Pflaster-Liegen, dann das Leerschießen eines Maschinengewehr-Magazins, nochmals Stechschritt und: Weggetreten!

Die holländischen Infanterie-Offiziere schauten verblüfft zu, der SS-Hauptsturmführer hatte sein Ziel erreicht. Danach bekamen wir den Befehl, mit unseren Mannschaften einem deutschen Militärfahrzeug zu folgen, auf dem zwei Totenkopf-Soldaten mit Maschinenpistolen postiert waren. Sie brachten uns ins Kriegsgefangenenlager, das in der Kaserne »Groot Arsenaal« in Bergen op Zoom eingerichtet worden war. Nachdem wir einige Tage Zeit gehabt hatten, uns an die neue Situation zu gewöhnen, traf ein Befehl von Adolf Hitler ein, demzufolge die holländischen Kriegsgefangenen als Angehörige eines Brudervolkes wieder freizulassen waren.

Am folgenden Morgen reiste ich in meiner holländischen Uniform mit einer Deckenrolle auf dem Rücken und einem Köfferchen in der Hand nach Bussum, dem Wohnort meiner Verlobten. Dort herrschte trübe Stimmung. Die Familie, bestehend aus der Mutter, zwei Töchtern und einem Sohn, hatte wie viele andere in den ersten Kriegstagen versucht, via Ijmmuiden nach England zu fliehen. Einigen war es auch gelungen. Diejenigen aber, die, wie die Familie meiner Verlobten, nicht durchkamen, konnten diesen Fehlschlag nur schwer verwinden. Als Soldat, der seine Freiheit wiedererlangt hatte, war ich hingegen recht munter und konnte sie wieder etwas aufheitern, obwohl wir alle uns als Juden große Sorgen um die Zukunft machten. Meine Verlobte und ich faßten nun zwei Beschlüsse. Der erste: Unsere Trauung sollte so schnell wie möglich stattfinden. Wir heirateten am 19. Juni 1940 im Rathaus von Bussum, und Herr Borstrock, ein Nachfahr des gleichnamigen Angestellten der jüdischen Gemeinde Rotterdam, nahm die Trauungszeremonie vor. Unsere Hochzeitsreise führte uns per Fahrrad in ein kleines Hotel an den Loodsrechtse Plassen. Ein Onkel meiner Frau hatte uns diese Reise durch ein Geldgeschenk ermöglicht.

Der zweite Beschluß betraf, wie mein Schwiegervater es gewünscht hatte, den Abschluß meines Studiums. In den Vorkriegsjahren hatte ich mir bereits den notwendigen Stoff erarbeitet, der Abschluß war jetzt nur eine Frage der gründlichen Wiederholung. Nach meiner Rückkehr benötigte ich dafür ein Dreivierteljahr. Hätte ich nur einige Monate mehr gebraucht, dann hätte derselbe Führer, der mich zunächst großzügigerweise freigelassen hatte, meinen Studienabschluß verhindert. Das im Februar 1941 erlangte Diplom in Ökonomie war auch ein Ausdruck meiner Anerkennung als gleichberechtigter holländischer Staatsbürger. Schon bald danach jedoch wurde eine antijüdische Verordnung nach der anderen erlassen. Meine Frau und ich mußten den gelben Stern tragen. Wir wurden zum Umzug in ein bestimmtes Viertel in Amsterdam gezwungen. Unsere Möbel und anderer Besitz wurden uns genommen. Eine Position im Arbeitsleben durfte ich nicht mehr einnehmen, Dutzende weiterer Benachteiligungen folgten.

Im März 1941 wurde ich Angestellter im Judenrat von Amsterdam. Ich beriet die mehr und mehr in den Würgegriff der Deutschen geratenen Mitbürger bei vielfältigen Problemen, meine Arbeit verrichtete ich zwischen SS-Formularen und anderem Papierkram. Mitte Juli 1942 fuhr ich mit einer Gruppe Angestellter des Judenrates nach Westerbork, um dort den Opfern der Deportation zur Seite zu stehen. Bis zum 30. März 1943 war es mir erlaubt, zwischen der Hauptstadt und Westerbork hin- und herzureisen. An diesem Tag wurden meine Frau, meine Schwiegermutter und ich in Amsterdam verhaftet und nach Westerbork gebracht. Das war der Anfang einer langen Reihe trauriger Ereignisse.

Wenn ich meine Erlebnisse hier im folgenden beschreibe, bedeutet das nicht, daß ich mich für einen Märtyrer halte. Im Gegenteil, ich empfinde mich als einen Bevorzugten unter zahllosen Leidensgenossen, die nicht mehr haben erzählen können, was ihnen die Mörder im Auftrag Hitlers antaten.

Wie alle religiösen Juden glaube ich daran, daß das jüdische Volk von Gott auserwählt wurde. Das ist eine Bindung, die ewig währt und also auch weder im Jahr 1933 noch 1940 oder 1943 endete. Nach dieser Vorstellung sind selbst die unvorstellbaren Grausamkeiten und der Völkermord an sechs Millionen Juden ein Teil in Gottes heiligem Plan für sein Volk, und die Deutschen waren von ihm darin zu Vernichtern und Scharfrichtern bestimmt. In der Gewißheit, daß all dies Grauen Gottes Wille war, lag jedoch andererseits auch ein Grund für den Fatalismus und den Mangel an Widerstand, mit dem die Opfer damals ihrem Untergang entgegensahen, selbst in Fällen, in denen eine Rettung noch möglich gewesen wäre.

Westerbork

Obersturmführer Gemmeker, tyrannischer Herrscher über Westerbork mit allen erdenklichen Launen und Tücken, war ein »Herr«, sowohl in Uniform als auch als Bürger. Sein männliches Äußeres war
auffallend und schöner, als man es von einem SS-Mann erwartet hätte,
auch himmelblaue Augen und blonde Locken fehlten nicht. Er machte
auf mich einen verbissenen, aber nicht unbedingt sadistischen Eindruck. Im Lager zirkulierten sympathisierende Erzählungen über ihn,
die im Kern besagten, daß nicht er schuld daran sei, daß die Juden soviel
Leid ertragen mußten. Er versuche sogar, die befohlenen Maßnahmen
zu entschärfen. Als Postsperre herrschte, soll es Gemmeker gewesen
sein, der sie wieder aufhob. Wenn ein Warentransport verschoben
wurde, soll sich Gemmeker persönlich darum gekümmert haben. Auf
die Quelle dieser Erzählungen bin ich nie gestoßen, zweifellos handelte
es sich um Phantasien der Lagerinsassen. So versuchten sie, den unerträglichen Gedanken zu verdrängen, daß ihr Leben in den Händen eines
unberechenbaren Fanatikers lag.
Gemmekers undurchsichtige Persönlichkeit drückte vielen Ereignissen
im Lager ihren Stempel auf. Zusammen mit einem Oberdienstleiter,
mehreren Dienstleitern und deren Stellvertretern stand er dem Lager
vor. Geschlagen wurde wenig, die Arbeit war nicht übertrieben hart.
Das Schreckliche an Westerbork war die Todesangst vor den wöchent-
lichen Transporten an Orte, von denen man nie ein Lebenszeichen erhielt. Sie waren das teuflische Mysterium. Man tat alles, um diesen
Transporten zu entgehen. Man gab sein letztes verstecktes Geld, Juwelen, Kleider und Lebensmittel hin. Junge Mädchen stellten dem Lager-
potentaten sogar ihren Körper zur Verfügung.
Die aus allen Teilen Hollands in Westerbork ankommenden Transporte
wurden im großen Konzertsaal registriert. Die Züge trafen meist am
Abend ein. Oft geschah es, daß die Requisiten einer soeben beendeten
Vorstellung noch auf der Bühne lagen, wenn die ersten verwirrten, von
Müdigkeit und Angst gezeichneten Gesichter im hell erleuchteten Saal
erschienen. Während der Aufnahme sah ich den größten Teil der holländischen Juden an mir vorüberziehen. In der Nacht war ich meistens
anwesend, entweder als Portier, als Saalwache oder als administrative

Hilfskraft. Die leitende Funktion, die der Judenrat mir zugedacht hatte, war mir bereits nach zwei Wochen durch ein Mitglied der in Westerbork bestimmenden Clique wieder abgenommen worden.

Tausende, ja Zehntausende sah ich ankommen. Sie traten alle durch dieselbe Tür aus dem Dunkel des Lagers. Zuerst schauten sie in das grelle Licht und dann auf die langen Tische mit den klappernden Schreibmaschinen und dem Aufnahmepersonal dahinter. Ganz hinten am Bühnenrand stand meist Gemmeker in ganzer Pracht. Er war sich seiner Macht über diese Menschen, die er wie Fliegen erledigen konnte, voll bewußt. Er spielte jedoch mit ihnen wie ein Kind mit seinen Puppen, bis sie eines schönen Tages in den Osten abgeschoben wurden. Meistens trug er einen nagelneuen Lackledermantel, die Prahlhansmütze des SS-Offiziers saß schräg auf seinen graublonden Locken. In seiner Pose als grimmig entschlossener Germane blickte er wie ein Raubvogel um sich, der seine Beute sucht, ungerührt von dem Leid, das ihn umgab, beeindruckt lediglich von seiner eigenen Macht und Größe.

Langsam füllte sich der große Saal mit von der Reise erschöpften Menschen, alten und jungen, großen und kleinen, einfachen und bessergestellten. Schnell war der Raum von Stimmengewirr erfüllt, das sich mit dem Klappern der Schreibmaschinen und dem Weinen aus der Fassung geratener Frauen und Männer mischte. Ärzte waren zugegen, um Erste Hilfe zu leisten, es gab auch Bahren, um Bewußtlose wegzutragen. Die Emotionen schlugen hoch im Bühnensaal von Westerbork. Nie zuvor hatte ich soviel Tränenvergießen erlebt, niemals so viele verzweifelte Gesichter gesehen. Man klammerte sich an mich mit der Bitte um Hilfe und Rettung. Aber ich konnte nichts tun, es gab keinen Ausweg. Selbst ein Wort des Trostes aus meinem Mund kam mir unwahr und geheuchelt vor. Ich wußte, daß noch unbekannte Gefahren lauerten, und intuitiv war ich mir auch dessen bewußt, daß ich von diesen ermüdeten und zur Verzweiflung getriebenen Menschen nur wenige, ja, nur sehr wenige wiedersehen würde.

Inmitten dieser Szenen blühte das »High Life« in Westerbork. Wie der Prince of Wales in England in seinen jeweiligen Modelaunen kopiert wurde, so orientierte sich die »High Society« in Westerbork am Kommandanten und seiner Sekretärin. Der erste Dienstleiter, Kurt Schlesinger, stand in einem Lackledermantel, breitbeinig und genauso ungerührt wie Gemmeker, in kurzer Entfernung von den Angekommenen. Er mahnte die Vorüberziehenden zur Eile. Bei jeder Verzögerung bekam er einen Wutanfall. Gemmeker stand nur da und schaute zu, selten mußte er eingreifen. Seine jüdischen Sklaven sorgten für alles: für das Abladen, Einschreiben, Einziehen und zum Schluß für den abgehenden Transport in den Osten. Wie zu einer Volksbelustigung trat die »High Society« von Westerbork nachts während des Registrierens der angekommenen Transporte heiter plaudernd an die Bühne des Theatersaals. Sie standen in der Nähe ihres Gebieters Gemmeker, der sich manchmal umdrehte, um einen geschmeichelt lächelnden Dienstleiter etwas zu fragen oder ihm etwas Lustiges zu erzählen. Dienstleiter Todtmann hingegen war ein Dandy. Während der Registriernächte trug er meist eine hellgraue Hose mit hohen schwarzen Reitstiefeln, darüber einen karierten Mantel. Sein weiblich wirkendes Gesicht, geziert von einer Hornbrille, schwebte über einer schicken Fliege. Todtmann liebte schöne Frauen, zumeist war er in Gesellschaft von Ulrike K., die sich für diesen Anlaß hübsch zurechtgemacht hatte und ihr Jäckchen nonchalant um ihre Schultern legte. Wie Badegäste in Deauville oder Biarritz flanierten sie vorbei. Die »High Society« in Westerbork hatte keine großen Sorgen.

Einer der wichtigsten Männer, der sich stets etwas im Hintergrund hielt, war der Dienstleiter Rudolf Fried. Er war noch jung, um die dreißig Jahre alt, und lief meist in Knickerbockers herum. Er war technisch zuständig für die Registration und Administration der Transporte. Er gab Anweisungen beim Registrieren schwieriger Fälle, denn unter seiner Leitung mußte die Transportkartei in Ordnung gehalten werden. Diese Zentralkartei bestand aus blaugrauen Karten. Für jeden Bewohner waren darauf außer den exakten Personalangaben auch Gründe für eine »Sperrung« vermerkt, die für das Verbleiben in Westerbork und das Ausgenommensein von den Transporten in den Osten entscheidend war. Man konnte als Lagerinsasse aus der Zeit vor 1940 mit dem Vermerk »A. K.« gesperrt sein – eine Anzahl alter Lagerinsassen blieb bis zuletzt geschützt –, aufgrund unentbehrlicher Tätigkeiten im Lager oder wegen einer Eintragung auf bestimmten Listen.
Im Laufe der Deportationstragödie von Westerbork gab es Dutzende von Listen. Dutzende platzten auch wieder, das bedeutete, daß diejenigen, die darauf vermerkt waren, plötzlich feststellen mußten, daß sie doch zum Transport freigegeben waren. Das Platzen der Listen fand meist am Vorabend eines Transports statt. Es gab eine Puttkamer-Liste, eine Callmeyer-Liste, eine Palästina-Austausch-Liste, eine Portu-

giesen-Liste, eine Barneveld-Liste, eine Getauften-Liste, eine Großindustriellen-Liste und eine Liste von Personen, die sich in den Jahren vor dem Krieg verdient gemacht hatten. Es gab weiterhin eine Liste für das Personal des Judenrats sowie eine für die Eltern seiner Mitglieder und eine Weinreb-Liste. Man konnte durch Gemmeker persönlich gesperrt werden, durch Scharführer Fischer in Den Haag, durch einen Dr. Mayer, den Zuständigen für die Sterilisation, oder ein Frl. Schlottke. Es gab eine Privatliste für die Familie von Abraham Asscher, und ebenso bestand eine für Prof. Cohen und eine für Dr. Sluzker, einen österreichisch-jüdischen Anwalt. Darüber hinaus existierten noch etliche andere Listen und Sperrungen, die jeweils wieder aufgehoben wurden.

Die SS-Leute in Den Haag, Amsterdam und Westerbork spielten und feilschten mit ihren Juden, die auf eine der Listen wollten oder schon darauf standen, um ihnen jeden Cent, jeden Diamanten, jedes Klümpchen Gold, die sie womöglich noch versteckt hatten, abzupressen. Die Puttkamer-Liste hieß offiziell »Liste zur Abschöpfung des jüdischen Schwarzvermögens«. Jeder, der der SS durch die Vermittlung von Puttkamer einen Betrag von dreißig- bis vierzigtausend Gulden in Gold oder Diamanten zur Verfügung stellte, konnte vorläufig in Westerbork bleiben. Nach einem oder zwei Monaten hörte man dann plötzlich, zumeist in der Nacht, daß man früh am folgenden Morgen abreisen mußte.

Der Tagespensionspreis von Westerbork war nicht gerade niedrig. Später verlangten Puttkamer und andere noch höhere Beträge, da es schwieriger wurde, bei der SS etwas zu erreichen. Diese Politik nach dem Motto »Geld oder Leben« nahm in Westerbork immer scheußlichere Ausmaße an. Viele Betrugsmanöver sind mir durch Menschen bekanntgeworden, die den vorläufigen Aufschub ihres Abtransports, ihre Freilassung aus der Strafbaracke, ihren Verbleib in Theresienstadt oder Bergen-Belsen mit Geld, Gold oder Juwelen teuer hatten bezahlen müssen. Zuletzt gab es Standardtarife. Für zehntausend Gulden konnte man sich Theresienstadt erkaufen, von wo aus man dann einige Monate später doch nach Auschwitz weitergeschickt wurde. Bergen-Belsen war billiger. Eine Bekannte von mir bezahlte für ihre Entlassung aus der Strafbaracke elftausend Gulden. Gleich am folgenden Tag wurde sie in den Osten abtransportiert. Ein Doktor der Philosophie lieferte Kunstgegenstände und Gemälde im Wert von vierzigtausend Gulden ab, um aus der Strafbaracke herauszukommen und einige Wochen in Westerbork bleiben zu können. Die Strafbaracke in Westerbork, in der die Opfer schlechter behandelt wurden als im übrigen Lager, in der man sie außerdem kahl schor und zwang, in Sträflingskleidern herumzulaufen, war eine gute Einnahmequelle für Gemmeker und seine Trabanten.

Wie Hauptsturmführer Streich uns persönlich die Ehre gab, um uns aus unserer Wohnung zu vertreiben, wie in Amsterdam vergeblich gefeilscht wurde, um uns freizubekommen, das überlasse ich der Phantasie der Leser. Vom Angestellten des Judenrats war ich nun zu seinem Klienten geworden. Am 1. April 1943 fuhren wir zu dritt inmitten eines großen Transports in das Lager. Es war ungefähr Mitternacht, als die lange Reihe der Waggons an dem mir bekannten Perron zum Stillstand kam. Auch wir unternahmen den Märtyrergang durch das Lager, auch wir erschienen blinzelnd, müde und schmutzig im hellerleuchteten Festsaal. Wir wurden von einem staatenlosen Herrn und einer schreibmaschineschreibenden Dame registriert. In gebrochenem Holländisch wurden uns die bekannten Fragen über Geburt, Wohnort, Beruf, Familie, Sperrung und dergleichen gestellt. Auch wir zogen schläfrig an den langen Tischen entlang, vorbei an den Lackledermänteln der Sadisten und der vor ihnen katzbuckelnden Clique, die sich nach der abendlichen Vorstellung vollzählig zum Zuschauen eingefunden hatte. Man unterhielt sich munter auf deutsch, als wir uns vorüberschleppten. Meiner Frau hatte ich viel von Westerbork erzählt, deshalb kamen ihr die Namen der Prominenten bekannt vor. Sie war müde und voller Sorge um ihre Mutter und uns selbst, und dennoch sah ich, daß sie alles nach meinen Erzählungen wiedererkannte, daß sie sich sofort zurechtfand. Einige Dienstleiter kamen, um mir die Hand zu schütteln: »Schade, daß Sie verhaftet worden sind.« Vom großen kam ich in den kleinen Saal, wo Dr. Ottenstein, der Vorsteher der Antragsstelle, mit seinem Stab einquartiert war. Hier wurden die Anträge auf einen vorläufigen Aufenthalt im Lager aufgenommen. Wenn Gemmeker ein derartiges Gesuch wohlwollend behandelte, war man eine Zeitlang sorgenfrei. Auch wir verfaßten ein Gesuch. Hauptsturmführer Streich hatte in einem großzügigen Moment »Verbleib in Westerbork« notiert. Gemmeker glaubte, seinem Vorgesetzten diesen Vermerk mit einem zweimonatigen Aufschub der Vernichtung honorieren zu müssen. Bis zum 10. Juni 1943 durften wir zunächst in Westerbork bleiben. Meine Schwiegermutter blieb schließlich bis zum 14. September dort, meine Frau und ich wurden am 25. Februar 1944 nach Theresienstadt geschickt.

Nachdem Ottenstein unser Gesuch aufgenommen hatte, gingen wir durch Dunkelheit und Nässe zur Entlausung in die Quarantänestation. Danach folgte die Bearbeitung durch Lippmann, Rosenthal und Co. Sie saßen wie blutdürstige Bullterrier hinter dem Schreibtisch und drohten, jeden Juden zu verprügeln, falls er nicht sein letztes Geld hergab. Manchmal ließen sie auf das Wort direkt die Tat folgen, ein andermal wurde die Angelegenheit durch einen Grünschnabel von der Schlägertruppe der holländischen Nazis erledigt. Als wir an der Reihe waren, geschah wenig. Ihre Hoheit waren milde gesinnt oder auch selbst müde, da es bereits fünf Uhr morgens war. Die Sonne stand schon hoch am Himmel, als uns unsere Baracke zugewiesen wurde und wir versuchen konnten zu schlafen.

Die Durchgangsbaracken in Westerbork – nicht zu verwechseln mit den Häuschen der »Alten Kamp-Insassen«, der »A.K.s« – können am besten als vollgestopfte Lagerhäuser für Menschen und Kleider mit regelmäßig wechselnder Belegung beschrieben werden. Es handelte sich um fünfzehn Meter breite und mehr als hundert Meter lange Scheunen, deren eine Seite für die Frauen, deren andere für die Männer bestimmt war. Wenn man aus einer normalen Wohnung kam, mußte man sich an das Barackenleben, das Zusammenleben mit Hunderten von Menschen im gleichen Raum, erst gewöhnen: an das Schlafen in dreistöckigen Betten, die dicht nebeneinander standen, das Sitzen auf Bänken und an Tischen, die noch dazwischengezwängt worden waren. Essensgerüche, Menschenausdünstungen, das Gesumm von Stimmen, Gebrüll und Weinen den ganzen Tag hindurch machten das Leben oft schier unerträglich. Westerbork war nicht hygienisch, zum Glück, denn Hygiene in SS-Lagern wurde stets auf Kosten der Menschen erreicht. Die Baracken waren ziemlich schmutzig. Auf ihre Reinigung wurde von den jüdischen Barackenleitern nicht besonders geachtet, und auch Gemmeker interessierte sich nicht allzu sehr dafür. An Sauberkeit gewöhnte Hausfrauen können in diesen Baracken nur mit Ekel geschlafen haben. Mir machte es nicht viel aus. Und später mußte ich mich noch an weit schlimmere Dinge gewöhnen.

Der stellvertretende Barackenleiter war Simon aus Groningen, den ich von früher her kannte. Er stellte mich als Innendiensthilfe ein. Jeden Tag fegte ich mit Hingabe den Boden der Baracke und putzte die Fenster. Ich hätte auch nichts anderes angestrebt, wenn mir nicht bewußt gewesen wäre, daß ich versuchen mußte, eine andere Arbeit zu bekommen. Nur dann hatte ich eine Chance, auch nach dem 10. Juni 1943 in

Westerbork ›gesperrt‹ zu bleiben. Nach einer Weile gelang es mir aufgrund von Beziehungen, eine Tätigkeit in der Registration, dem administrativen Organ für die ankommenden und abgehenden Transporte, zu erhalten. Meine Aufgabe bestand darin, Auskünfte zu erteilen. Jeden Tag, besonders aber montags, am Tag vor der Abfahrt der Viehwaggons nach Osten, kamen unzählige verängstigte Frager. Ist meine Sperre noch gültig? Warum habe ich noch keine Antwort auf meinen Antrag? Wie steht es mit den Chancen von Callmeyer? Was ist heute mit Puttkamer los? Wissen Sie etwas über die Portugiesen? Wie steht es mit den Getauften? Müssen auch Partner aus Mischehen auf den Transport? Sind die Patienten des Krankenhauses in Gefahr? Hunderte von Fragen von Männern und Frauen, die noch in der Falle von Westerbork um ihr Leben kämpfen wollten. Lange Reihen Verirrter und Verlorener, denen man nicht mehr helfen konnte. Jede Woche wechselte der Kreis meiner Klienten. Neue Transporte waren angekommen, und viele bekannte Gesichter waren verschwunden.

Meine Frau und ich waren glücklich, daß ich diese Arbeit bekommen hatte. Zunächst mußten wir uns über uns selbst keine Sorgen machen. Auch für meine Frau fand sich eine passende Arbeit, nämlich das Entwerfen und Herstellen von Spielzeugtierchen, eine Produktion, die Gemmeker in Westerbork aus Liebhaberei aufgezogen hatte. Jeden Morgen gingen wir an die Arbeit, sie zum Zeichnen, ich an meinen Schreibtisch.

Langsam aber näherte sich der 10. Juni, das Datum, an welchem die Mutter meiner Frau vogelfrei sein würde. Dieser 10. Juni wurde für uns zur fixen Idee. Was sollten wir tun? Wie sollten wir dieses Problem lösen? Drei Monate lang konnten wir noch herumjonglieren und ihren Abtransport verhindern. Meine Schwiegermutter wurde ins Krankenhaus eingeliefert und mehrere Wochen lang von einem befreundeten Arzt für transportunfähig erklärt. Danach sprach ich immer wieder mit Fried, dem Leiter der Kartothek. Auch dies hatte noch einige Male Erfolg. Viele Nächte von Montag auf Dienstag brachte ich bis acht Uhr früh neben der Transportkartei zu, um festzustellen, ob die Karte meiner Schwiegermutter noch im Kästchen steckte oder schon herausgenommen worden war. In der Frühe zwischen fünf und sechs Uhr nämlich kam meist Gemmeker persönlich vorbei, um die noch unvollständigen Transporte bis zur geforderten Anzahl aufzufüllen. Mit energischen, selbstbewußten Schritten durchquerte er die langen Gänge, die zur Kartothek führten. Das jüdische Personal drückte sich ehrerbietig an die Wände. Sein Gefolge bestand aus einem oder zwei Dienstleitern, die sich bemühten, mit dem Tempo ihres Vorgesetzten Schritt zu halten. Wenn der germanische Gott in der Karthotek ankam, sprangen die Kontoristen hinter ihren Karteikästen auf und verharrten in militärischer Haltung. Nach einem kurzen Gespräch mit dem herbeigeeilten Dienstleiter Fried begann Gemmeker dann persönlich einige Karten herauszunehmen. Er tat es achtlos, Handschuhe an den Händen, eine glimmende Zigarette klemmte in seinem Mundwinkel – es war, als wühle er in einem Grabbeltisch auf dem Kleidermarkt. Dann verschwand er wieder, ebenso entschlossen, wie er gekommen war. Wir alle eilten zur Kartothek, um die Namen der letzten Opfer zu lesen und sie dann so schnell wie möglich zu warnen. Noch nie war mir so deutlich geworden, daß das Leben eine Lotterie ist.

Woche für Woche konnten wir mit Müh und Not immer wieder etwas für meine Schwiegermutter erreichen, aber im September waren alle Mittel erschöpft. Ihre Abreise war nun nur noch eine Frage von Tagen. Am 14. September wurde sie nach Auschwitz gebracht. Meine Frau und ich lebten danach noch Monate weiter in Westerbork. Wir machten das Beste daraus. Zusammen war alles besser zu ertragen als allein. Wir tauschten uns über alles aus und stützten uns gegenseitig. Jeden Tag unternahmen wir kleine Spaziergänge und besuchten unsere Bekannten. Jede Woche wurden wieder andere Bekannte und Verwandte von uns ins Lager eingeliefert, wir versuchten, ihnen die ersten Tage dort so angenehm wie möglich zu machen. Früher oder später aber wurden sie alle in den Viehwaggons zusammengepfercht für die tagelange Reise mit unbekanntem Ziel.

Mit großer Ehrfurcht denke ich an die Tausende unschuldiger Menschen, die in Westerbork die feuchtkalten Waggons bestiegen und, wie Tiere zusammengepfercht, ihrem Tod entgegen fuhren. Ich erinnere mich an die jüdischen Frauen, die mich anflehten, etwas zu unternehmen, damit wenigstens ihre Kinder einen Aufschub bekamen. Wertlose Papiere hielten sie mir hin, um wenigstens eine Woche Sperrung zu erreichen. Mit niedergeschlagenen Augen mußte ich hundertmal sagen: »Es geht nicht! Ich kann nicht!« Fast alle Frauen und Kinder wurden direkt, ohne noch geschlafen zu haben, weiterverfrachtet. Dieses Bild habe ich stets vor Augen: tapfere Mütter mit winzigen und älteren Kindern, weinenden, durch die bisherige Reise bereits übermüdeten Wesen. Sorgenerfüllte Mütter, die ihre Kinder trugen oder ihnen etwas zu essen gaben. Ich denke an die vom Weinen geröteten Augen, an die von tiefem Schmerz gezeichneten Münder der hübschen jungen Frauen, die sich um ihre Familie und sich selbst ängstigten. Alle sind sie tot, in Auschwitz vergast und verbrannt.

Jede Woche, zumeist am Dienstag in den frühen Morgenstunden zwischen zwei und drei Uhr, verlasen die Barackenleiter die Namen der nächsten Opfer. Es herrschte Totenstille in den vollgestopften Baracken. Die Vor- und Familiennamen hallten dröhnend in den Köpfen wider. Alle schwiegen. Man ahnte, daß über die, deren Namen aufgerufen wurden, das Todesurteil verhängt war. In den Transportnächten schlief kaum jemand. Es wurde gepackt, man half den Bekannten, das Notwendige zu regeln. Am frühen Morgen hatten diejenigen, die auf den Transport mußten, mit ihrem Gepäck in den Baracken anzutreten. Der jüdische Ordnungsdienst holte sie ab und trieb sie in langen Reihen zum Perron. Jeden Dienstagmorgen war es das gleiche Schauspiel. Reihe für Reihe stolperten sie vorwärts, gebückt und gekrümmt, beladen mit schweren Koffern und Säcken voller warmer Kleider für den Winter. Drei oder vier Tage später würde nur noch Asche von ihnen übrig sein. Ihre Habe und die Lebensmittel aber wären dann schon unterwegs zu den Deutschen. Keiner dieser Menschen auf dem Weg zu den Viehwaggons, die sie direkt zu den Krematorien brachten, konnte sich vorstellen, daß der deutsche Sadismus so weit gehen würde. Sie rechneten wohl mit einer schweren Zeit im polnischen Winter, mit schlechter Behandlung und vielen Verlusten. Daß aber nur zwei Prozent von ihnen aus Polen zurückkehren würden und unter diesen zwei Prozent nicht wenige Verstümmelte, Menschen mit erfrorenen Gliedmaßen und auch wahnsinnig Gewordene, das ahnten sie glücklicherweise nicht.

Auf dem Perron bei den abfahrbereiten Zügen herrschte viel Betrieb. Wagen um Wagen wurde vom Ordnungsdienst vollgestopft. Alte Leute, Kinder, stillende Mütter mit Kinderwagen, alles wurde ineinandergepfercht. Männer mit ihren Familien, allein reisende Kinder, die verraten oder entdeckt worden waren, alles saß und lag durcheinander. Von Wagen zu Wagen wurden die Türen halb geschlossen. Wenn alles in Ordnung und das Transportvieh abgezählt war, war es ungefähr elf Uhr. Die Wagen wurden dann ganz geschlossen, einige Köpfe waren noch durch die vergitterten Fenster zu sehen. Langsam fuhr der Zug aus dem Lager: Transport X fuhr der Tragödie entgegen.

Inmitten dieses Abschiednehmens, der Transporte und des Elends lebten wir weiter bis zum Februar 1944. Durch das entsetzliche Leid, in der endlosen Heide, im Nebel und Grau des Winters kamen meine Frau und ich einander noch näher. Lichtblicke waren für uns die Lebensmittelpakete von unserer Familie und Freunden aus Amsterdam. Nachdem dann ein Empfangsverbot für Pakete erlassen worden war, hatten wir nicht mehr genug zu essen – obwohl, wie wir wußten, nicht nur Fleisch regelmäßig und in großen Mengen ins Lager geliefert wurde.

Meine Frau und ich waren keine »Barnevelders«, wir standen auch auf keiner anderen Liste. Daß wir mit dem nächsten Transport nach Auschwitz verschwinden sollten, war für uns dennoch unvorstellbar. Des langen und breiten hatten wir darüber gesprochen, hatten alles viele Male abgewogen. Schließlich ging ich zu Schlesinger und bat ihn, uns für den bevorstehenden Transport nach Theresienstadt einzuteilen. Das Risiko, ohne Sperre in Westerbork zu bleiben, war zu groß geworden. Am 25. Feburar 1944 bestiegen wir einen Personenzug, der für Theresienstadt bestimmt war. Unsere Reisegesellschaft konnten wir uns selbst aussuchen. Schlesinger, seine Frau und viele andere aus der »High Society« von Westerbork schüttelten mir vor der Abreise die Hand. Ich war lange im Lager gewesen.

Wir ließen uns die Reise durch Gedanken über die Zukunft nicht verderben. Wir gingen davon aus, in Theresienstadt ebenso wie in Westerbork auf Geld, Gold und Wertsachen durchsucht zu werden. Während der Fahrt nähten wir also eifrig und versteckten alles, was wir besaßen, im Futter unserer Mäntel und der übrigen Kleidung. Nach einer dreitägigen Fahrt glitt der Zug schließlich langsam durch einen Durchlaß in der Stadtmauer in einen Ort hinein, der einen unglaublich schmutzigen und verwahrlosten Eindruck auf uns machte. Der Zug hielt vor einem niedrigen, schlecht instand gehaltenen Gebäude aus gelbem Stein. Wir hatten unseren Bestimmungsort erreicht.

Theresienstadt

I

Tschechische Polizisten, hinter denen SS aufmarschiert war, zerrten uns aus dem Zug. Meine Frau wurde am Arm gepackt und heruntergezogen. Sie begann zu weinen. »Alles Gepäck stehenlassen«, lautete dann der Befehl. Wir jedoch, bereits reich an Erfahrungen, ließen nichts stehen, sondern schleppten unsere schweren Koffer, Decken und Kleidersäcke mit uns.

In dem großen gelben Gebäude wurden wir in einen Raum eingeschlossen und mußten warten, bis wir in der sogenannten Schleuse behandelt wurden. Dort nahm man den Neuankömmlingen Geld, Gold, Juwelen und Zigaretten ab. Ein SS-Mann betrat den Warteraum und drohte uns mit Gefängnisstrafen und sofortiger Deportation, wenn wir nicht alles abgäben und bei der anschließenden Durchsuchung noch etwas zum Vorschein käme. Die Situation schien ernst zu sein. Wir besprachen die Lage. Schließlich versprach meine Frau, alles, was sie ins Futter eingenäht hatte, wieder herauszutrennen. Als wir dann in einer langen Reihe zum Eingang der Schleuse gingen, waren meine Frau und ich offenbar unter den ersten. Ein SS-Mann griff mich heraus und befahl mir, am Eingang stehenzubleiben und die Nachfolgenden über die Strafen zu unterrichten, die denjenigen drohten, die Wertgegenstände einzuschmuggeln versuchten. »Gefängnisstrafe und Deportation mit dem nächsten Transport«, mußte ich wieder und wieder sagen.

Ungefähr zwei Stunden lang hatte ich dort gestanden, als plötzlich ein Mann der Ghettowache mit einer Liste aus der Schleuse kam. »Warnen Sie die Leute klar und deutlich. Es sitzen bereits zwanzig Personen hinter Schloß und Riegel«, sagte er. »Das hier ist bitterernst.« »Sind Ihnen die Namen der Verhafteten bekannt?« fragte ich ängstlich. »Hier ist die Liste«, sagte er. Als zweiten Namen entdeckte ich den meiner Frau. Dahinter stand: 150 RM, 75 Gulden, 18 Zigaretten. Da wurde mir klar, daß sie mich mit ihrem Versprechen nur hatte beruhigen wollen und ihr Geld doch nicht aus dem Futter genommen hatte.

Später erfuhr ich, daß sie in die Schleuse gekommen war und dort einem SS-Mann 2 Gulden und 50 Cent sowie 3 Zigaretten ausgehändigt hatte.

Die Frage, ob sie noch mehr habe, verneinte sie. Danach wurde sie in einen Verschlag geführt. Sie mußte sich nackt ausziehen und schließlich das Futter ihres Mantels ganz auftrennen, aus dem ihr beim Ankleiden eine Zigarette herausgefallen war. Sie wurde zuerst zum Scharführer Haindl gebracht. Der gab ihr mit einem Stock drei Hiebe auf den Kopf und rief: »Drecksjüdin, willst du Geld klauen?« Dann kamen zwei Männer der Ghettowache, die sie in eine Zelle brachten. Ich stand wie gelähmt mit der Liste in der Hand. »Nun ist es aus«, dachte ich, »nun müssen wir nach Polen.« Diesmal aber ging der Kelch noch an uns vorüber. Nach drei Tagen kam meine Frau mit dreißig anderen aus dem Gefängnis frei. Oberstumführer Rahm hatte großmütig eine Amnestie erlassen. Der offizielle Grund dafür war, daß er erst zwei Tage zuvor Kommandant geworden war, und Fürsten verfügen bekanntlich Amnestien, wenn sie den Thron besteigen. In Wahrheit aber hatte der Transport aus Holland so enorme Werte erbracht, daß es den Deutschen auf ein bißchen mehr oder weniger nicht ankam.

Die Wohnsituation in Theresienstadt war schwierig. Das Städtchen hatte offensichtlich bessere Tage gesehen. Es gab im rechten Winkel zueinander stehende Häuserblocks, die Anfang oder Mitte des vorigen Jahrhunderts erbaut worden waren und sich fast alle im Zustand des Zerfalls befanden. Theresienstadt war früher einmal eine wichtige Garnison und eine Festung gewesen. Überall stieß man noch auf Zeugnisse dieser Vergangenheit. Die großen Kasernen hatten zumeist zwei oder drei aufeinander folgende Innenhöfe, die durch breite Tore miteinander verbunden waren. Die Mauern waren sehr dick, jede Kaserne hätte selbst als Festung dienen können. Die Gebäude waren in Hunderte kleiner und größerer Räume unterteilt. Die vielen Gänge, Treppenhäuser und Speicher machten es Neuankömmlingen schwer, ihre Schlafplätze zu finden. Erst nach einigen Wochen gewöhnte man sich an die Stadt und ihre Bebauung. Dann endlich fand man die Hamburger, die Magdeburger, die Hannover, Sudeten, Kavaliers, Dresdner, die Genie, die Hohenelber Kaserne und andere ohne weiteres.

Die Anzahl der Einwohner schwankte stark. Es gab Perioden, in denen um die siebzigtausend Juden hier lebten. Als wir eintrafen, waren es nicht mehr als vierzigtausend, und doch waren es zu viele, als daß man alle hätte anständig unterbringen können. Auf Speichern, in Ecken und Löchern, in Läden und Ställen lebten die Menschen eng zusammengepfercht, auf dem Boden oder in zwei- bis dreistöckigen Betten. Mein erster Besuch auf dem Speicher und in den Gewölben der Hannover-

Kaserne hinterließ bei mir einen jämmerlichen Eindruck. Es war kalt. Schnee lag auf den Straßen und Wegen. Der Wind wehte durch das morsche Kasernendach und die armseligen selbstgezimmerten Kämmerchen, in denen Kranke und Alte ihre Schlafstätten aufgeschlagen hatten.

Theresienstadt war von den Nazis ursprünglich als Durchgangslager für tschechische Juden bestimmt worden, ebenso wie Westerbork für die Holländer. Von hier aus gingen regelmäßig Transporte zu den Konzentrationslagern ab. Als der größte Teil der Tschechen dann deportiert war, machte man aus Theresienstadt eine Art Reservat für Juden: Von einer aussterbenden Rasse sollten ein paar Anschauungsexemplare übrigbleiben. Hierher kam man zum Lohn für gute Taten. Deutsche Offiziere mit hohen Auszeichnungen (anfangs mußte man mindestens im Besitz des Eisernen Kreuzes I. Klasse sein), jüdische Grafen und Freiherren, Professoren und ähnlich hochstehende Persönlichkeiten konnten versuchen, in Theresienstadt unterzukommen. Später lockerte man diese Bestimmungen ein wenig, danach gelangten auch kleinere Größen dorthin. Schließlich aber konnte man auch von Westerbork nach Theresienstadt geschickt werden, wenn ein Transport nicht komplett gewesen war und man Beziehungen hatte oder wenn man einige Tausender dafür erübrigen konnte. Diese Entwicklung hatte dazu geführt, daß die Einwohner von Theresienstadt ungefähr zu fünfzig Prozent aus Tschechen bestanden, die übrigen waren vielfach alte Menschen aus besseren deutsch-jüdischen Kreisen. Ganze Kasernen und Speicher waren belegt mit unterernährten Männern und Frauen mit rotgeränderten Augen und eingefallenen Wangen. Da lagen sie dicht gedrängt in verräucherten und von Küchendünsten erfüllten Zimmern und warteten darauf, durch den Tod erlöst zu werden.

Theresienstadt hatte eine sehr hohe Sterbeziffer. Das war aber eher eine Folge der Altersstruktur als schlechter Ernährung. Die Leichenkarren waren immerfort unterwegs. Es waren einfache Handkarren, Gestelle auf einer Achse mit hohen hölzernen Rädern, die mit einem schwarzen Tuch mit einem Davidsstern darauf bedeckt waren. Manchmal waren die Leichen zu lang für die nicht allzu großen Wagen. Kopf und Beine baumelten dann herunter, und einige Male hatte ich gesehen, wie die aufgelösten Haare einer Verstorbenen über das Pflaster schleiften. So genau sah man hier aber üblicherweise nicht hin, denn der Tod war ein gewohnter Anblick.

Neben den Alten gab es natürlich auch jüngere Tschechen, Deutsche sowie einige Holländer und Dänen. Für sie bestanden verschiedene Möglichkeiten, sich am Leben zu halten. Man mußte nicht verhungern, selbst wenn man keine Pakete bekam. Man mußte nur gewandt und arbeitswillig sein und Beziehungen anknüpfen. Die normalen Rationen in Theresienstadt waren klein, von allem gab es zu wenig. Qualitativ war das Essen gut. Knödel und Buchteln waren schmackhafte tschechische Gerichte, aber alles wurde nur in kleinsten Portionen ausgeteilt. Wenn man nicht mehr hatte als die normale Ration, litt man Hunger. War man aber im Besitz von Uhren, Geld, Gold, Juwelen, Parfum, Seife, Milchdosen, Sardinenbüchsen, Kleidern, Schuhen oder Zigaretten, konnte man fast alles gegen Reichsmark oder tschechische Kronen verkaufen, obwohl auf den Besitz von Zigaretten, Geld oder Schmuck die härtesten Strafen standen. Die Anzahl der SS-Leute, die Theresienstadt regierten, war aber so gering, daß scharfe Kontrollen unmöglich waren.

Meine Frau war zwar von Haindel ausgeplündert worden, mir jedoch war es gelungen, einige wertvolle Dinge durch die Schleuse zu schmuggeln. Dadurch konnten wir uns monatelang mit Zusatznahrung versorgen. Wir verkauften allmählich alles, was wir besaßen, um Brot, Grütze oder Grieß zu erstehen. Was man kaufen konnte, war allerdings ziemlich teuer und von schlechter Qualität, so daß wir trotz unseres Handels mit der Zeit an Erscheinungen von Unterernährung litten.

Andererseits war es aber auch möglich, sich mit Schwerarbeit Zusatzrationen zu verdienen. Wir rechneten uns aus, daß hier nur Küchenarbeit der Mühe wert war, denn alles andere kostete mehr Energie als man sich auf diese Weise zusätzlich beschaffen konnte. Obwohl wir in Theresienstadt bald sehr gute Beziehungen hatten, forderte eine Position in der Küche doch einiges mehr. Denn um eine Stelle als Essensverteiler, Hilfskoch oder als Heizer der Kochkessel bewarben sich alle Männer unter sechzig Jahren, und alle Frauen bemühten sich um eine Stelle bei der Essensausgabe. Wenn man es erst einmal soweit gebracht hatte, gab es trotz der scharfen Kontrollen immer einen Weg, etwas mitgehen zu lassen. Leute mit solchen Positionen konnte man auf der Straße unter all den Menschen mit Hungerödemen leicht herauskennen, und dann hieß es: »Die arbeitet im Brotmagazin«, »Der ist Aufseher eines Kartoffelmagazins«, oder »Der hat einen Bruder, seine Mutter oder eine Tante in der Küche«.

Was Walhalla für Gemeker, Rahm und Fischer, das waren für uns die Küchen, Kartoffelmagazine und Brotlagerräume – etwas, wovon wir träumten, was wir aber nie erreichen würden. Wir stellten uns das süße

Leben vor, das wir führen könnten, wenn meine Frau vor einem der Essensverteilungsschalter Marken schneiden dürfte, oder wenn eine Kochmütze meine Locken zierte. Aber man sagte uns, wir seien erst zu kurz in Theresienstadt, um derart hohe Ansprüche ans Leben zu stellen. Auch wir müßten unten anfangen.

So wurde meine Frau Zeichnerin in einem Atelier, das Lampenschirme, Vorhänge und Kunstgegenstände produzierte. Ich hingegen mußte die tägliche Arbeitsstatistik für den Obersturmführer erstellen. Wir waren erstaunt, daß wir beide plötzlich wieder in unseren erlernten Berufen arbeiteten. Meine Frau war mit ihrer Arbeit zufrieden. Nicht selten vergaß sie bei ihrer kunsthandwerklichen Tätigkeit im Atelier im fünften Stock der Hamburger Kaserne, daß sie eine Gefangene war. Zufrieden lachend kam sie manchmal zurück. Dann hatte sie etwas bei sich, das sie mir zeigen wollte – einen Lampenschirm, eine bemalte Fliese oder ein Väschen. Ich hatte im Büro nicht so viel zu tun. Meine Vorgesetzten hatten eine Heidenangst davor, daß eine falsche Meldung an Seine Heiligkeit, den Obersturmführer Rahm, gelangen könnte. Noch nie hatte ich erlebt, daß sich so viele sorgenverzerrte Mienen über meine Arbeit beugten. Ein einziges Mal innerhalb von sechs Monaten war Rahm eine falsche Zahl von mir unter die Augen gekommen. Er selbst hatte es nicht einmal bemerkt, aber noch tagelang machte mir ein Dr. Soundso schwere Vorwürfe. Wenn man für einen Obersturmführer Statistiken macht, darf man keinen Fehler begehen. Das mußte ich mir merken.

So lebten wir im Lager der »Bevorzugten«. Dort war mit dem ersten Transport, der im Januar 1944 aus Holland eintraf, eine Kluft zwischen Tschechen und Holländern entstanden. Der Kommandant hatte befohlen, die Hamburger Kaserne, die die beste war, für die holländischen Juden freizumachen. Innerhalb von 24 Stunden mußten sich daraufhin viertausend tschechische Frauen, die bis dahin dort ganz erträglich gewohnt hatten, in der überfüllten Stadt eine andere Unterkunft suchen. Das war der Grund für die Fehde zwischen den Tschechen und den Holländern. Wo immer es möglich war, legten sie uns herein oder schwärzten uns bei Rahm an. In der Kommandantur häuften sich die Klagen: Wir seien faul, schmutzig, ließen die schöne Hamburger Kaserne verwahrlosen, kurzum, wir taugten einfach nichts.

Den Nazis paßte das gut ins Konzept, sie brachten die verschiedenen Gruppen absichtlich gegeneinander auf. Sie wußten genau, daß die Angst vor den Lagern in Polen alle Handlungen beherrschte. Im

Mai 1944, als ein großer Transport nach Polen in Vorbereitung war, mußten aufgrund solcher Intrigen schließlich fast tausend Holländer und aus Holland gekommene Deutsche ihre Sachen packen, obwohl seitens der SS eine Zusage vorlag, daß niemand von ihnen nach Polen weitergeschickt werden würde. Jeder Holländer, der dorthin auf Transport ging, rettete einem Tschechen das Leben, lautete dagegen die Überlegung der tschechischen Kreise. Den Nazis war es schließlich gleich, ob die Waggons mit Deutschen, Holländern oder Tschechen vollgestopft wurden. Nach dieser Erfahrung wußten wir, daß wir schutzlos waren und ebenfalls zum Transportmaterial gehörten.

II

Theresienstadt wurde von einem Ältestenrat unter Vorsitz des Judenältesten Dr. Eppstein regiert, de facto aber hatten die »großen Drei«, Dr. Eppstein, Dr. Murmelstein und Dr. Zucker, das Sagen. Sie waren keine Büroangestellten oder Vertreter wie einige in den führenden Kreisen in Westerbork, sondern in bezug auf Bildung und Kultur hervorstechende Persönlichkeiten. Dr. Eppstein war eine sehr komplizierte Figur. Er schien enge und vertrauliche Beziehungen zu Hauptsturmführer Möhs, dem Verantwortlichen für die Judentransporte, zu unterhalten. Er selbst war Privatdozent für Soziologie an der Mannheimer Handelshochschule gewesen und war auch in Philosophie bewandert. In Theresienstadt hatte er einen Studienkreis um sich versammelt, zu dem er auch mich einlud. Jeden Sonntagabend von 21 Uhr bis Mitternacht saßen da etwa fünfzig Männer zusammen und debattierten über Themen wie Ethik, Politik oder Massenpsychologie. Am Ende einer Sitzung faßte Dr. Eppstein das Besprochene dann in langen und komplizierten Sätzen zusammen. Nur wenige verstanden, was er sagte, aber Eppstein wollte sich bewußt nicht simpel ausdrücken. Dabei war er nicht affektiert, man konnte offen und sogar herzlich mit ihm sprechen. Er spielte gut und mit viel Gefühl Klavier, war hochgebildet und nicht korrupt, wenigstens nicht im banalen Sinne. Und doch stand er auf gutem Fuß mit dem Proleten Rahm. Dann wieder sah man ihn mit blaugeschwollenen Augen herumlaufen, ein persönliches Geschenk des Kommandanten.

Über Rahm ist nichts Besseres zu sagen, als daß er ein Mann war, der sein Machtbewußtsein gern mit Faustschlägen zum Ausdruck brachte.

Wenn man ihn von Ferne kommen sah, ging man lieber einen Umweg. Er machte einen bäuerlichen, derben Eindruck, dabei war er wie alle Nazis musikalisch und kunstsinnig. Bei dem bekannten früheren Zeichner des »Telegraaf«, Jo Spier, sah er sich manchmal Zeichnungen an. Mit seinen großen Pranken wühlte er dann in den empfindlichen Abzügen der Aufnahmen von Stadtmauern und Kasernen, die Jo gemacht hatte. Einmal allerdings hatte der Herr Obersturmführer unglücklicherweise das falsche Mäppchen geöffnet, das Bilder von Leichenwagen, halbtoten alten Frauen und schwarz verräucherten Alkoven enthielt, von langen Reihen von Menschen, die um Essen anstanden und deren Gesichter von Hungerödemen entstellt waren. Das fand Rahm nicht lustig. Spier mußte versprechen, nur noch farbenfrohe und schöne Zeichnungen zu machen und die anderen zu vernichten.

Rahm überließ das Regieren der Stadt der jüdischen Selbstverwaltung. Sie sorgte für alles: für den Nahrungsmitteltransport, die Küche, die zu verrichtenden Arbeiten, für Wohnraum, die Betreuung der Kinder und Jugendlichen, für Baumaßnahmen und anderes. Es gab eine Ghettopolizei und eine jüdische Bank, die Ghettogeld ausgab, ein Café, Konzerte und Theateraufführungen. Weiterhin verfügten wir über ein ziemlich gut eingerichtetes Krankenhaus, eine schöne Badeanstalt, ein kleines Schwimmbad. Am Stadtgraben gab es Wiesen, auf denen man sich im Sommer in die Sonne legen konnte.

Es war also für vieles gesorgt, und das Leben in Theresienstadt hätte ganz erträglich sein können, hätte man nur genug zu essen bekommen, hätte nicht überall die Gefahr gelauert, für kleinste Vergehen schwer bestraft zu werden, und wäre man nicht ständig von den Polentransporten bedroht gewesen.

Es gab gute Juden, bessere Juden und beste Juden in Theresienstadt. Die Prominenz differenzierte sich in die Gruppierungen »A«, »B« und »C«. Zum Angehörigen der »A-Prominenz« wurde man durch die SS erklärt. Dabei handelte es sich um adlige Damen, Grafen, Professoren, hohe deutsche Beamte oder hohe Offiziere. In die »A«-Kategorie konnte man aber auch aufsteigen, wenn man den Deutschen wichtige Dienste erwiesen hatte. Von dieser Spezies gab es allerdings glücklicherweise nur wenige. Ein »A-Prominenter« erhielt eine Wohnung mit mehreren Zimmern, mehr Essen und mehr Geld als ein gewöhnlicher Sterblicher. Ein »B-Prominenter« hingegen wurde vom Ältestenrat ernannt. Dies waren die Mitglieder des Rates selbst sowie die Leiter der wichtigen Dienstabteilungen. Sie hatten in etwa die gleichen Rechte wie die erste Gruppe. Die »C-Prominenten« schließlich hatten nur das Recht auf ein eigenes Zimmer und das Privileg, mit ihren Frauen zusammenzuwohnen. Auch darüber bestimmte der Ältestenrat.

Im April 1944 nächtigten meine Frau und ich getrennt auf verschiedenen Speichern der Hamburger Kaserne. Unsere Matratzen lagen auf dem Boden in einer daumendicken Staubschicht, aber wir waren zufrieden. Wir waren froh, daß wir viel zusammensein konnten und etwas Ruhe hatten. Dann aber kam die große »Verschönerungsaktion«, und von Stund an stand ganz Theresienstadt kopf. In einer großen Kampagne sollte die Stadt für das Rote-Kreuz-Komitee aufgeputzt werden, das Mitte August erwartet wurde. In einer Rede des Ältestenrats wurde uns mitgeteilt, daß Rahm und Möhs verlangt hatten, alle verfügbaren Kräfte dafür einzusetzen. Ein Mißerfolg der Aktion würde schreckliche Folgen für Theresienstadt haben, fügte Eppstein dunkel hinzu. Also wurden aus allen Betrieben Arbeitskräfte abgezogen. Maler, Zimmerleute, Maurer, Zeichner, Musiker, Schauspieler und Architekten mußten ihr Bestes geben. Zur Steigerung der Arbeitsproduktivität wurde ein besonderes Straf- und Belohnungssystem eingeführt.

Den Auftakt der Verschönerungsaktion im Monat Mai bildete der erwähnte Transport von 7500 Personen nach Auschwitz. Dadurch wurde die Einwohnerzahl vermindert, und die Unterkunftsmöglichkeiten und die hygienischen Verhältnisse konnten verbessert werden. Die verbleibenden 29000 Personen mußten hart arbeiten, um die Verschönerungen zustande zu bringen.

Zunächst wurde die Strecke abgesteckt, die die Kommission zu gehen hatte. Sie durfte keinen Schritt vom Wege abweichen. Die Giebel entlang dieser Route mußten restauriert und gestrichen werden. Das bedeutete, daß von den meisten Kasernen nur ein oder zwei der vier Giebel verschönert wurden, die übrigen blieben grau und schmutzig. Auch das Innendekorations-Atelier, in dem meine Frau beschäftigt war, bekam viel Arbeit. Der erste Auftrag bestand im Herrichten der Schaufenster. Die alten Männer und Frauen mit den rotgeweinten Augen, die oft in ehemaligen Läden der Stadt auf den Tod warteten, konnten dies nun hinter neuen Schaufenstern tun, die meine Frau und ihre Kolleginnen mit fröhlichen Farben bemalt hatten. Hübsche Auslagen, die ein gutes Warenangebot vortäuschten, gaben dem Ghetto ein ganz anderes Aussehen. Man hätte sich einbilden können, durch ein Seitengäßchen in Paris zu schlendern. Selbst der Name »Ghetto« wurde der Verschönerungsaktion geopfert. Es war fortan strang verboten, vom Ghetto von

Theresienstadt zu sprechen. Statt dessen hieß es nun »Gemeinde«. So hatten wir denn eine »Gemeindewache«, »Gemeindegeld« und alles mögliche andere mit diesem schmückenden Beinamen.

Monatelang war meine Frau mit dem Entwerfen und Verschönern von Schaufenstern beschäftigt. Es hing sehr viel davon ab, und alles mußte optimal ausgeführt werden. Als Belohnung für ihre Arbeit erhielt sie jeden Mittwoch ihre Ration »Verschönerungswurst«: 150 Gramm Salami und ein Brötchen. Das war eine willkommene Ergänzung unserer üblichen Kost. Ich muß zugeben, daß wir sie zusammen verzehrten, obwohl ich selbst nie etwas zur »Verschönerung« beigetragen habe.

Und dann kam der »Verschönerungs«-Empfang bei Dr. Eppstein. Der Bürgermeister hatte 50 Ehepaare ausgewählt, die nicht zu alt und präsentabel waren. Eines Abends bekamen meine Frau und ich ein Briefchen. »Sofort zum Bürgermeister kommen«, stand darin. Wir machten uns ein wenig zurecht und kamen dann in einen Raum, in dem an die hundert Personen warteten. Der Reihe nach wurden wir in ein Zimmer geführt, in dem der Judenälteste mit einigen Mitgliedern des Ältestenrats thronte. Jeder Eintretende wurde kritisch betrachtet und mußte ein paar Fragen beantworten. Falls wir das Examen bestehen würden, sollten wir aus Anlaß der »Verschönerung« zu C-Prominenten erklärt werden. Dann würden wir ein eigenes Zimmer erhalten – ein sogenanntes verschönertes Zimmer – und wahrscheinlich auch Besuch von der Kommission bekommen.

Meine Frau und ich bestanden den Test, und vierzehn Tage später zogen wir in ein noch kahles, weiß getünchtes Zimmer in der Hamburger Kaserne. Meine Frau begann sofort mit unbändigem Eifer mit der Verschönerung. Für die Wände bemalte sie Fliesen auf holländische Art. Wir beizten die rohen hölzernen Pritschen, ein Küchentisch und die dazugehörigen Bänke wurden in eine antike Zimmereinrichtung verwandelt. Es wurde sehr gemütlich und sah fast aus wie in einer der traditionellen holländischen »Poffertjes«-Buden. Selbst Mitglieder des Ältestenrats und der Bürgermeister kamen bei uns zu Besuch, wohlwollend lächelnd, wie es sich für höhere Herren geziemt.

In der Nacht vor dem Besuch der Kommission aber spielte sich in unserem Zimmer eine wahre Tragikomödie ab. Um 22 Uhr hatten wir uns schlafen gelegt. Kaum waren wir eingeschlafen, klopfte ein jähzorniger Tscheche an die Tür. Er stand da mit einem Tisch und Stühlen. Nur mit Mühe konnten wir ihm klarmachen, daß unser Mobiliar schön genug war und daß er mit seinem Tisch und den Stühlen zum Teufel gehen sollte. Wir wollten schlafen. Doch das blieb ein Wunschtraum. Ungefähr eine Stunde später, nun aber ohne anzuklopfen, kam ein Mann mit einer großen Leiter herein. Zum Entsetzen meiner Frau stellte er sie über ihrem Bett auf und begann Vorhänge und Gardinen aufzuhängen, die uns zu unserem Glück noch fehlten. Meine Frau brüllte vor Wut und wollte den Tschechen samt seiner Leiter umwerfen. Ich aber saß aufrecht in meinem Bett und kugelte mich vor Lachen über die irrsinnige Situation. Als der zweite Eindringling verschwunden war, löschten wir das Licht und versuchten wiederum zu schlafen. Um drei Uhr morgens wurde erneut geklopft. Diesmal war es eine Dame mit einem riesigen Bilderstapel unter dem Arm. Sie war ärgerlich, weil sie nachts arbeiten mußte. Wütend nahm sie vier Nägel und schlug sie willkürlich in die Wand. Danach hängte sie die ersten vier Bilder ihres Stapels auf. Mit dem Rest der Kunstprodukte verschwand sie danach so schnell als möglich. Nun zierten vier Radierungen unsere Wände. Die eine stellte einen Grabstein, die zweite ein Segelschiff, die dritte eine Kirche und die letzte einen Bauernjungen dar. Wir waren entzückt über unsere neuen Kunstgegenstände. Vor fünf Uhr am Morgen kam eine stattliche ergraute Dame mit einem Teppich und einem Tischtuch vorbei, und um fünf Uhr dreißig schließlich stellte ein Gärtner Geranien vor das Fenster und einen Blumenstrauß auf den Tisch. Nun konnte die Kommission kommen.

Aus dem Schlafen wurde in dieser Nacht also nichts. Entsprechend waren wir auch nicht übermäßig heiterer Stimmung, als Dr. Eppstein um acht Uhr erschien, um uns mitzuteilen, auf besonderen Wunsch des Kommandanten sollten wir nicht zu erkennen geben, daß alles gerade erst eingerichtet worden sei. Es würde seine Zufriedenheit steigern, wenn wir uns an diesem Tag nett anzögen und der Kommission den Eindruck vermittelten, daß wir schon seit Monaten so lebten. »Von Ihrem Auftreten«, fügte Eppstein hinzu, »könnte Entscheidendes abhängen.«

Von der Verschönerungswurst und unserem verschönerten Zimmer komme ich nun zum Verschönerungsfilm, der unter der Leitung des Regisseurs Kurt Gerron und unter Mitarbeit von Jo Spier und dem Bühnenbildner Zelenka gedreht wurde. Gerron war vor Beginn des Hitler-Regimes in Berlin ein bekannter Schauspieler und Regisseur gewesen. Er war der dickste und häßlichste Mann, den ich je gesehen hatte, aber er verfügte über die nötigen Qualitäten, um in der Glamour-Welt vorwärtszukommen. In Theresienstadt wurde er von Haindl entdeckt, der ihn auf der Straße anhielt und ihn fragte, woher er ihn kennen könne. »Vom Film natürlich«, entgegnete Gerron. Haindl schaltete sofort, und das war der Anfang des Vertrauensverhältnisses zwischen den beiden. Später, als Gerron bis auf die Hälfte seines ursprünglichen Körpergewichts abgemagert war, bekam er aufgrund dieser Beziehung Extrarationen, und er erhielt den Auftrag, den Verschönerungsfilm über Theresienstadt zu drehen.

Ich beobachtete, wie sie überall in der Stadt und auch außerhalb ihre Aufnahmen machten. Auf allen Plätzen konnte man Gerron und Rahm brüderlich vereint hinter der Filmkamera stehen sehen. Plötzlich tauchten sie auf dem früheren Marktplatz auf, und Gerron filmte mit seinen Helfern den nun verschönerten Platz mit seinen Rosenbeeten und dem prächtigen grünen Rasen. Dann wieder machte er Aufnahmen von der ebenfalls verschönerten Stadtkapelle, die jeden Morgen fröhliche Marschmusik spielte (die Musiker bekamen ein halbes Pfund Verschönerungswurst, eine Schwerarbeiterration). Ein andermal traf man Gerron im Theatersaal oder auf den Stadtmauern. Aber auch der verschönerte Krankensaal und die verschönerten Leichenwagen, die nun über vier Räder und einen schönen schwarzen Aufbau verfügten, wurden auf Zelluloid gebannt.

An einem Samstagnachmittag im Mai erreichte die Verschönerung mit einer Feier ihren Höhepunkt. Dreitausend junge Menschen wurden zusammengetrommelt, um in der freien Natur, vier Kilometer außerhalb des Ghettos, einer Kabarettvorstellung beizuwohnen. In langen Kolonnen wanderten wir dorthin, ständig fuhren SS-Männer auf ihren Motorrädern an uns vorbei. Die gesamte Strecke wurde ängstlich von tschechischen Gendarmen bewacht. An Stellen, an denen besondere Fluchtgefahr bestand, waren Wachposten mit Karabinern aufgestellt. Wir kamen zu einer Wiese, auf der Dutzende jüdischer Männer damit beschäftigt waren, eine Bühne aufzubauen. Soeben wurde ein Flügel abgeladen und mitten zwischen den drei- und vierblättrigen Kleeblättern ins Gras gestellt. Zufällig kam ich zusammen mit Rahm an, der schneidig auf die Bühne ging und – die Nummer war nicht im Programm vorgesehen – dem Leiter der Bühnengestalter vor einer tausendköpfigen Menge heftig aufs Auge schlug, denn die Bühne hätte längst fertig sein müssen. Nun wurde sie in aller Eile komplettiert. Dann fuhr ein Filmauto aus Prag vor, Kabel für die Tonaufnahmen wurden gelegt, Filmkameras auf das Dach des Wagens montiert – die Vorstellung konnte beginnen.

Damit sie von den Kameralinsen nicht erfaßt wurden, saßen Rahm und eine Gruppe SS-Männer, die ich nie zuvor gesehen hatte, ungefähr dreihundert Meter von der Bühne entfernt. Das Publikum bekam den Befehl, sich auf dem Terrain zu verteilen und auf natürliche Weise zu klatschen und zu lachen. Als die Zuschauer aber zu nah aneinanderrückten, sprang Rahm hinter einem Busch hervor und schlug mit einem Lederriemen wild um sich. Wie ängstliche Schafe stoben die Menschen auseinander und stellten sich danach »natürlich« auf.

Über das Kabarett selbst gibt es nicht viel zu sagen. Es traten zwei Tänzerinnen, ein Sänger und Gerron selbst mit einem Liedchen aus der »Dreigroschenoper« auf. Nach jeder Nummer mußte gelacht, manchmal auch gejauchzt und gejubelt werden. Treulich wurden alle Befehle befolgt, denn niemand wollte gern einen Schlag auf den Kopf bekommen. Zum Schluß spielte schmetternd die Band von Martin Roman, dem Jazzkönig von Theresienstadt. Nach einem extra starken Jubeln und Applaudieren konnte das Publikum dann unter der gleichen strengen Bewachung wie zuvor wieder nach Hause gehen. Dies war übrigens das einzige Mal, daß ich mich außerhalb der Stadtmauern aufhalten konnte.

So geschah eins nach dem anderen, bis zu dem Tag, an dem die Kommission kommen sollte. Alles war geregelt, alle Ereignisse waren vorbereitet. Die Menüs waren verschönert, die Portionen verdoppelt, besondere Zugaben, wie etwa Sardinenbüchsen für die Kinder, sollten verteilt werden. Es wurde erzählt, daß in dem Augenblick, da die Herren des Roten Kreuzes eine der Küchen besuchten, einige dort postierte Jungen ganz zufällig ihr Essen bekommen sollten. Sie sollten dann die Nase rümpfen und so laut ausrufen, daß die Herren es hören konnten: »Wie scheußlich, heute gibt es schon wieder Sardinen!« Man hörte auch, daß ein Kind angewiesen worden war, bei der Besichtigung des neuen Kinderpavillons Rahm lachend entgegenzulaufen und zu rufen: »Da kommt ja Onkel Rahm! Hast du wieder Bonbons für uns, Onkel?« Rahm soll dann lächelnd auf die Besucher gewiesen und dem Mädchen, wie es der Führer so gut konnte, über die schwarzen Locken gestrichen haben. »Morgen, mein Liebling«, sagte er dabei, »jetzt hat der Onkel Besuch.« Auch an bestimmten Punkten der Strecke, die die Kommission zurücklegte, war Besonderes arrangiert. An einer Ecke kam eine Gruppe fröhlich singender Mädchen aus einer Seitenstraße. Sie hatten Heugabeln auf der Schulter und schritten luftig gekleidet aufs Feld. An einer anderen Stelle trieben zwei ländlich gekleidete Jungen eine Herde

Schafe vorbei, die extra zu diesem Zweck in die Stadt gebracht worden war.

Die Kommission wird ihren Augen angesichts von so viel Güte für die Juden im Dritten Reich und solch überschäumender Lebensfreude kaum getraut haben. Ich glaube nicht, daß sie darauf hereinfiel. Ende September gingen große Transporte nach Auschwitz ab, 18 000 der 29 000 Einwohner von Theresienstadt wurden deportiert. Wahrscheinlich eine Folge der mißlungenen Verschönerungsaktion.

III

Die Barneveld-Gruppe, das holländisch-jüdische Establishment, war Anfang September in Theresienstadt angekommen, eine selbstbewußte Gesellschaft mit einem Maximum an Schutz, für den die zwei Staatssekretäre in Den Haag sorgten. Unser Zimmer war oft zum Bersten voll mit neu angekommenen Bekannten, die noch nicht hatten untergebracht werden können. Meine Frau und ich halfen, wo es möglich war. Teller, Messer und Schüsseln wurden ausgeliehen, Kleider und Decken für diejenigen beschafft, deren Gepäck noch nicht angekommen war. Professor Cohen, der zu den Neuankömmlingen gehörte, richtete sofort ein Büro ein und erteilte Lektionen über die Probleme in Theresienstadt, als wäre er hier geboren und hätte nie woanders gelebt. Die Satelliten des Professors standen nickend daneben. Ihre Interessen waren bei ihm in guten Händen. Wir anderen aber mit unserer monatelangen Erfahrung in Theresienstadt, Überlebende mehrerer Transporte, wir hatten nun nichts mehr zu bestellen. Nach dieser Prominenten-Invasion ahnten wir, daß die sanfte und freundliche Stimme des Professors uns schon beim nächsten Polentransport voller Mitgefühl Mut zusprechen würde. Wir nahmen an, daß uns dann die Ehre zuteil werden würde, seine seidige Hand drücken zu dürfen, die so viele vor uns bereits gedrückt hatten. Tatsächlich saß ich am 28. 9. 1944 im Viehwaggon, der in Richtung Polen fuhr. Meine Frau wurde 14 Tage später abtransportiert.

Schon am 18. September wurde es unruhig in Theresienstadt. Gerüchte machten die Runde, aber niemand wußte etwas Zuverlässiges. Eines Abends ergriff Eppstein in seinem Debattier-Seminar dazu das Wort. Er sagte, er bedauere es, daß so viele Gerüchte verbreitet würden, und versicherte, es werde nichts geschehen. Wir aber wußten genug. Uns war bekannt, was es bedeutete, wenn der Judenälteste versuchte, Gerüchte zu dementieren. Am 20. September um 20 Uhr wurde uns gesagt, daß der Bürgermeister um 21 Uhr im zweiten Hof der Hamburger Kaserne eine wichtige Ansprache halten werde. »Ich habe leider eine sehr schlechte Nachricht«, sagte Eppstein. »Der Kommandant hat mir soeben mitgeteilt, daß Arbeitstransporte nach Riesa bei Dresden abgehen werden.« Es war schon dunkel. Ein Scheinwerfer beleuchtete den Redner und die erste Reihe des Publikums. »Der Obersturmführer hat mir mitgeteilt«, fuhr Eppstein fort, »daß die Arbeitsmöglichkeiten in Theresienstadt nicht ausreichen und daß es daher im Zusammenhang mit der Kriegsproduktion notwendig ist, alle arbeitsfähigen Männer ins Arbeitslager Riesa zu überführen. Dort sollen sie produktiver eingesetzt werden als es hier möglich ist.« Eine bessere Versorgung als in Theresienstadt wurde versprochen, und die Frauen sollten ihren Männern bald nachfolgen. Wenn das Lager fertig sei, würde dort auch Familienleben möglich sein. Nur die Dänen, die getauften Holländer und die Barnevelder kämen für diesen Transport nicht in Betracht.

Langsam ging ich in unser Zimmer zurück. »Du mußt wie alle anderen nach Polen«, sagte meine Frau. »Ich werde dich nie wiedersehen.« Männer kann man mitunter leichter belügen als Frauen. Ich hatte an das Märchen von Riesa, an das wunderschöne Arbeitslager, das es nicht gab, geglaubt. Zum hundertsten Mal hatte ich den deutschen Sadisten ihre Lügen abgekauft. Gemeinsam packten wir meine Kleider, Decken und etwas zum Essen. Nach dem ersten Schock erholten wir uns wieder und hielten uns tapfer.

Die Schleuse wurde wieder hergerichtet. Der zweite Hof der Hamburger Kaserne wurde ausgeräumt und mit Gittern abgeriegelt. Dort hinein kamen die Menschen, die auf den Transport mußten. Der Zug konnte fast bis vor den Kaserneneingang fahren, und von dort aus wurden die Wagen vollgeladen. Inzwischen liefen meine Frau und ich zu allen Instanzen und versuchten, unsere Verbindungen spielen zu lassen. Aber wir wußten schon, daß es sinnlos war. Dr. Eppstein, Dr. Murmelstein, Dr. Zucker, Dr. Lowinger und wie sie alle hießen zuckten bedauernd die Schultern. »Wir können nichts für Sie tun. Zuständig für die Holländer ist Professor Cohen.« Von Professor Cohen aber hatte ich nichts zu erwarten. Auch er schaute mich voller Bedauern an und sagte: »Aber Sie wissen doch, es ist ein Arbeitslager. Sie sind doch jung und gesund.« Von Ende September bis Ende Oktober verließen 18 000 Menschen Theresienstadt. Nur 11 000 blieben zurück. Aber auch prominente und mächtige Männer überlebten nicht. Eppstein wurde gefangengenommen und später erschossen. Leiter von Dienstabteilungen, Mitglieder des Ältestenrates, Offiziere mit hohen Auszeichnungen, Halbjuden, alle mußten sie weg. Ich hätte den Oktober in Theresienstadt nicht überlebt.

Meine Frau und ich verzehrten unsere letzten Leckerbissen, eine Büchse Sardinen und eine Büchse Kondensmilch. Feierlich aßen wir, als ob es sich um ein Gala-Diner handele. Der Bau der Schleuse schritt voran. Bald würden der Tag und die Stunde kommen, an denen ich hinter den Gittern verschwinden würde. Als es dann soweit war, verabschiedete ich mich von meiner Frau. Dicke Tränen rollten uns über die Wangen. Wir verabredeten einen Code. Meine Frau sollte sich auf keinen Fall freiwillig für irgendeinen Transport in ein idyllisches Arbeitslager melden, es sei denn, ich schriebe ihr bestimmte Wörter und Redewendungen. Wir vereinbarten eine Adresse in Holland, an der wir uns wiedertreffen wollten. Dann verschwand ich schwer beladen, wie Tausende anderer vor mir.

Ich betrat die Schleuse, mein Name wurde notiert. Ich suchte meinen Platz. Es gab Schlafplätze, die von 1 bis 8000 numeriert waren. Dort stellte ich mein Gepäck ab. Dann ging ich zum Gitter, wo ich mit meiner Frau verabredet war. Dutzende von Leuten hatten dieselbe Idee gehabt. Es war ein Geschrei wie in einem Affenkäfig. Leckere Eßwaren wurden zum Abschied durch das Gitter gereicht. Meine Frau brachte ein Töpfchen mit süßen Makkaroni. Ströme von Tränen flossen in mein Lieblingsgericht, als ich es in einer Ecke hinter der Schleuse verzehrte.

Mit dem Transport ging es indes nicht so schnell voran. Die Züge kamen nicht rechtzeitig. Die Schleusen wurden vorläufig wieder geöffnet, und unsere Frauen kamen uns besuchen. Wir spazierten zusammen durch Theresienstadt, um noch einmal einen Rettungsversuch bei einflußreichen Bekannten zu unternehmen. Aber wir erreichten nichts. Nach drei Tagen näherten sich die Züge. Mit Hölle und Fegefeuer wurde denen gedroht, die nicht rechtzeitig in die Schleuse zurückkamen. Am 28. September 1944 gingen wir in langen Reihen, unsere Schleusennummer um den Hals, wie eine Tierherde in die Waggons. Rahm stand mit verschränkten Armen am Ausgang der Kaserne. Haindl lief mit einem Kuhtreiberstock auf dem Laufsteg herum. Alles mußte schnell gehen, denn es waren noch viele einzuladen.

Auschwitz, Gleiwitz, Blechhammer

I

In dem mit siebzig Personen und Gepäck vollgestopften Waggon war es warm, es roch nach Schweiß. Aneinandergedrückt saßen oder lagen wir bei unseren Koffern. Einige konnten durch Luken hinausschauen, deshalb wußten wir ungefähr, wo wir uns befanden. Zuerst fuhren wir in Richtung Norden. Daß wir wirklich nach Riesa fuhren, war noch nicht völlig ausgeschlossen. Doch plötzlich bog der Zug ostwärts ab. Uns wurde deutlich, daß wir doch die Richtung Breslau eingeschlagen hatten. Wir begriffen sofort, was nun auf uns zukam. Hinter Breslau lag das mysteriöse Auschwitz, das Konzentrationslager, das Millionen aus Deutschland, Polen, Rußland, Westeuropa und den Balkanländern verschlungen hatte. Wir begriffen endgültig, daß wir zum soundsovielten Male angelogen worden waren und uns auf das Schlimmste vorbereiten mußten. Jeder aß soviel wie möglich, denn die Konserven und die anderen Lebensmittel, die wir für das Arbeitslager Riesa mitgenommen hatten, würden uns natürlich abgenommen werden. Plötzlich hörte ich in der Abenddämmerung ein furchterregendes Geschrei. Hinter einem Kofferstapel tobte ein Mann in Todesangst. Er schlug mit Händen und Füßen um sich. Den Gedanken, daß wir bald im gefürchteten Auschwitz ankommen sollten, konnte er nicht verarbeiten. Er war außer sich. Wir banden seine Glieder zusammen und wischten ihm mit Wasser den Schaum von den Lippen. Dann ließen wir ihn liegen. Jeder hatte seine eigenen Sorgen.

In der Umgebung von Breslau hielt der Zug an, und plötzlich wurden die Türen unseres Waggons geöffnet. Ein SS-Mann kam herein und verteilte Postkarten. Uns wurde befohlen, an unsere nächsten Angehörigen in Theresienstadt zu schreiben, den Text gaben sie uns ebenfalls vor: »Es gefällt uns hier sehr gut. Wir werden gut versorgt. Ich hoffe, Dich bald hier zu sehen.« Zum Glück wurde mir keine Karte zugesteckt, so mußte ich nicht schreiben. Als die Karten wieder eingesammelt waren, wurde die Tür verschlossen. Wir versuchten, ein wenig zu schlafen. Es wurde Nacht. Einige von uns schauten hinaus. Wir wollten doch etwas über die Route wissen, obwohl nun feststand, daß wir nach

Auschwitz fuhren. Wir passierten einen Flugplatz und einige große Städte. Dann kündigte unser Aussichtsposten an, daß wir uns einem großen Lager näherten, das hell erleuchtet an der Bahnlinie lag. Langsam glitten die Waggons ins Konzentrationslager Auschwitz. Wir hielten vor dem Perron. Alle drängten sich an die Luke, jeder wollte einen Blick auf die Baracken, den Stacheldraht und die vielen Scheinwerfer wagen. Es war eine schöne, stille Nacht. Jeden Augenblick konnten die Waggontüren geöffnet werden. Wir zogen unsere Mäntel an und stopften Lebensmittel in unsere Taschen.

Nach einer Viertelstunde öffneten sich die Türen des Waggons. Zwei kahlgeschorene Männer in blaugestreiften Sträflingsanzügen standen vor uns und schlugen uns mit Rohrstöcken, wenn wir uns beim Aussteigen nicht beeilten. »Alles Gepäck im Waggon lassen«, wurde befohlen. Wer versuchte, etwas mitzunehmen, bekam einen Hieb auf den Rücken. Auf dem Perron warteten bereits Hunderte von Männern und Jünglingen in Fünferreihen, wie Soldaten gerade hintereinander aufgestellt. Wir mußten uns hinten anschließen. So standen wir eine halbe Stunde. Dann schob sich die Kolonne Schritt für Schritt voran, um am Ende des Bahnsteigs einen SS-Offizier zu passieren, der die Reihen teilte. Einige gingen nach links, andere nach rechts. Dort stand ein Adlatus des SS-Arztes Dr. Mengele. Im Halbdunkel des Bahnhofs konnte ich ihn nicht erkennen, erst später sah ich ihn häufiger. Er war eine der finstersten Figuren des Lagers, ein junger Mann von etwa 28 Jahren, der gleiche Typ wie Gemeker, aber hübscher und jünger: ein verbissenes sadistisches Männergesicht mit langen blonden Haaren, bekleidet mit einem eleganten glänzenden Regencape, das er halb offen über einer prächtigen Uniform trug, eine große flache Offiziersmütze mit silberner Kordel prangte über einer knabenhaften Stirn. Genau wie wir zogen in dieser Nacht Unzählige an ihm vorüber. Achtlos sah er die Menschen an, es handelte sich um Routinearbeit. Beiläufig stellte er seine Fragen: »Alter, Beruf, Gesundheitszustand...«

Rechts lagen die Krematorien, und links führte der Weg zum Lager. Wer nach rechts geschickt wurde, kam in die Gaskammer und wurde durch den »Kamin«, den hohen Krematoriumsschornstein gejagt, aus dem bereits eine halbe Stunde nach unserer Ankunft die Flammen zum Himmel stiegen. Wer alt oder schwach aussah, wer zu alt war zum Arbeiten, sowie alle Kinder unter vierzehn Jahren mit ihren Müttern, Kranke und Geistesgestörte mußten den Weg in den Tod antreten. Angesichts des Überflusses an Menschenmaterial, das Tag und Nacht ins

Lager strömte, war man nicht kleinlich beim Aufräumen in unseren Reihen. Eine ungeschickte Antwort, eine unvorteilhafte Brille, ein krummer Rücken, eine Blase am Fuß, die das zügige Gehen behinderte – dies alles konnten Gründe sein, ins Gas geschickt zu werden. Manchmal aber gab es überhaupt keinen Grund, und eine ganze Gruppe wurde umstandslos nach rechts geschickt, um die Abwicklung des Transports zu beschleunigen. Einen genauen Überblick über die Zahl derer, die gleich nach ihrer Ankunft ermordet wurden, hatte ich nicht. Ich hatte den Eindruck, daß die Zuweisung zu beiden Seiten ungefähr gleich stark war. Viele gute Freunde sah ich nach dieser Selektion nicht wieder.

Mich schickte der SS-Arzt ohne Kommentar oder weitere Fragen nach links. Nach fünfhundert Metern mußte ich anhalten. Wir mußten uns wieder sammeln und in einer langen Kolonne zu fünft in einer Reihe aufstellen. Dort standen wir, bis die letzten den Perron verlassen hatten. Danach mußten wir im Laufschritt am elektrischen Stacheldraht entlangrennen und wurden dann in eine große hölzerne Scheune eingeschlossen.

Die Schlüsselpositionen im Lager wurden von SS-Männern eingenommen, die von Oberkapos, Kapos, Lager- und Blockältesten unterstützt wurden. Dies waren zumeist von deutschen Gerichten verurteilte Verbrecher, die für schwere Vergehen zu zehn, zwanzig Jahren oder lebenslanger Haft verurteilt waren. Auf ihre Hemden war ein grünes Dreieck genäht. Nach einer schweren Prügelei erzählte mir ein Oberkapo, daß er stolz darauf sei, seine ganze Familie vernichtet zu haben, daß das Morden für ihn eine Lust sei und daß er es bedaure, seit einem Monat schon keinen Menschen mehr erwürgt zu haben. Er gab mir den Rat, mich nicht in seiner Nähe aufzuhalten. Die gemeinsten Kriminellen, das Unterste der menschlichen Gesellschaft wurde hier für geeignet erachtet, uns das Leben zur Hölle zu machen. Sie waren überall. Sie liefen mit großen Peitschen oder Stöcken herum und versuchten, uns damit zu treffen, wo sie nur konnten.

In der Scheune, in der wir dicht zusammengepfercht eingeschlossen worden waren, machten wir zum ersten Mal Bekanntschaft mit unseren neuen Meistern, den Kapos. Mit ihren Totschlägern teilten sie Hiebe aus, um den neuen Transport dazu zu bewegen, die Goldringe und Uhren abzugeben. »Ihr werdet sie sowieso los«, sagten sie, und so war es auch. Wir mußten unsere Wertsachen auf einer Plane ablegen, die die Kapos auf dem Boden ausgebreitet hatten.

In Gruppen von je hundert Mann wurden wir von den SS-Rohlingen abgeholt und hinausgezerrt. Manche warfen Steine nach unseren Köpfen, damit wir schneller marschierten. So kamen wir in einen hell erleuchteten, gekachelten Saal, wo wir uns vollständig auskleiden mußten. Nichts durften wir behalten, alles mußten wir durcheinander auf einen großen Haufen werfen, Jacken, Hosen, Hemden, Unterhosen, Hosenträger, Socken. Nur die Schuhe durften wir in der Hand halten.

Nackt mußten wir danach an einem Kapo, der uns genau kontrollierte, vorbeigehen. Jeder, der etwas in seinen Schuhen versteckt hatte – einige hatten ein Foto von ihren Frauen und Kindern verborgen –, bekam gewaltige Schläge mit einem Lederriemen auf den Oberkörper. Nach dieser Kontrolle wurden wir in einem kleinen Raum erneut zusammengepfercht. Die nackte, schwitzende Fleischmasse der Wartenden war beängstigend, widerlich und bedrückend. Wir konnten uns nicht mehr rühren. In der Ferne sahen wir Frauen, die unsere Kleider sortierten: Hosen zu Hosen, Jacken zu Jacken, alles für die deutsche Bevölkerung. Wir hatten nun nichts mehr. Keine Papiere, die unsere Identität beweisen konnten, keine Bilder unserer Familien, kein privates Kleidungsstück, keine Decke.

Es war Morgen geworden, als wir nackt in einen Saal geschickt wurden, in dem wir uns in Dreierreihen aufstellen mußten. Dort schoren uns Gefangene die Kopf- und Schamhaare ab. Diese Bearbeitung dauerte viele Stunden. Für Hunderte von Männern gab es nur drei Barbiere und vier Rasierapparate mit stumpfen Klingen. Wer seine Reihe verließ, um schneller dranzukommen, wurde von einem Kapo mit dem Totschläger geschlagen. Erschrocken und noch nicht an das neue Regime gewöhnt, sprangen die Geprügelten auf ihren Platz zurück. Danach kam der Duschraum. Vierzig, fünfzig Mann mußten sich dort zusammen waschen, es gab keine Seife, keine Bürste, kein Handtuch. Wie nasse Katzen kamen wir in eine Ankleideecke, wo uns einige Baumwollfetzen zugeworfen wurden. Notdürftig bekleidet, mußten wir durch einen zugigen Gang ins Freie treten. Immer noch fast nackt und noch nicht wieder trocken, standen wir zitternd da. Nun hatten wir Gelegenheit, uns anzusehen. Einige waren in gestreifte Häftlingskleidung, andere in Bürgerlumpen gesteckt worden. Wir sahen aus wie Landstreicher mit müden und hungrigen Gesichtern. Mein Schwager Gerard Levy, früher Internist in Amsterdam, der mit mir aus Theresienstadt gekommen war, stand neben mir. Seine Hose war zu kurz, das Hemd war ihm viel zu weit und die Jacke zu eng. Ich selbst, mit meinem kahlgeschorenen

Kopf, den ausgerissenen Ärmeln und Hosenbeinen und einem zehn Zentimeter langen Riß im Hosenboden, sah wie eine Vogelscheuche aus. Gerard und ich verabredeten, auf jeden Fall zusammenzubleiben und uns gegenseitig zu helfen. Ihm, der mich später als Lagerarzt mehrfach davor bewahrte, wegen Unterernährung und Erschöpfung den Mördern in die Hände zu fallen, habe ich mein Leben zu danken.

Nachdem wir eine Stunde zitternd in der Kälte gestanden hatten, war die Truppe auf eine zerlumpte Bande von 750 bis 800 Mann angewachsen. Ein wohlgenährter Blockältester, der Barackenleiter, trat aus der Tür und gab uns den Befehl, uns in einem Block von Fünferreihen aufzustellen. So marschierten wir in unsere Baracke. Die Entfernung betrug schätzungsweise zwei Kilometer. Wir wurden zum D-Lager, dem Sammellager für Männer, gebracht. Mitten hindurch führte ein zehn Meter breiter Weg. Links und rechts davon standen etwa 15 gleichartige Baracken, die den Pferdeställen eines Zirkus ähnelten. Jede Baracke wurde von einer romantischen Aufschrift geziert: »Ehrlichkeit währt am längsten«, »Seid sauber, ehrlich, treu und gut«, »Kameradschaft und Treue über alles« waren die Leitsprüche. Den Blockältesten war die Wahl eines Spruches freigestellt worden.

Wir 800 Männer wurden in eine Baracke gestopft, die nun genauso voll war wie die Pariser Metro zur Hauptverkehrszeit. Schulter an Schulter, Körper an Körper standen wir auf dem Betonboden, der von jetzt an unser Schlafplatz sein sollte. Abends um 21 Uhr, wenn der Blockälteste »Hinlegen!« kommandierte, mußte man sich so schnell wie möglich hinwerfen, um einem Knüppelschlag auf den kahlen Schädel zu entgehen. Sich wirklich hinzulegen war natürlich nicht möglich. In langen Reihen schob man sich übereinander; das war ein schmerzhaftes Unternehmen, und aus dem Schlafen wurde nur selten etwas. Meist war es nicht möglich, etwa ein eingeklemmtes Bein zu verlagern, denn dann mußten mindestens zehn weitere Personen mit ihren Armen und Beinen herummanövrieren. Mitten durch diese auf dem Boden gestapelten Körper machte dann hin und wieder der Blockälteste einen Spaziergang. Es setzte Stockschläge, wenn ihm etwas mißfiel, und offenbar gefiel ihm kaum einmal etwas.

In der ersten Nacht gegen null Uhr stand er auf einer Empore und hielt eine kleine Ansprache. Alles Geld und alle Juwelen, die noch unter Schuhsohlen, in Zähnen oder anderen Körperteilen versteckt waren, sollten sofort abgegeben werden. Es sei sinnlos, ihm etwas zu verheimlichen. Jeder, bei dem später noch etwas gefunden werde, würde von ihm persönlich am nächstbesten Baum aufgeknüpft werden. Einige waren tatsächlich so dumm, einen Ring, den sie gut versteckt hatten, abzugeben. Sie wurden in dem überfüllten, spärlich beleuchteten Pferdestall blutig geprügelt. Ein junger Mann, der aufstand, weil seine Beine im Liegen eingeklemmt worden waren, mußte zur Strafe Froschsprünge machen. Dazu wurden ihm hohlklingende Stockschläge auf das Rückgrat verabreicht, bis er bewußtlos zusammenbrach.

Länger als bis vier Uhr früh durften wir nicht in unseren Schlafstätten bleiben. Mit Stöcken und unter lautem Gebrüll wurden wir in unserer kärglichen Kleidung hinausgetrieben. Zitternd vor Kälte und Elend standen wir dann meist im Dunkeln bis zu den Knöcheln im Dreck. Wir sahen die rote Glut aus dem Kamin des Krematoriums aufsteigen; fast jede Nacht trafen neue Transporte in Auschwitz ein.

Von morgens vier Uhr bis abends 20 Uhr durften wir die Baracken nicht betreten. All die Stunden verbrachten wir im Freien, wie stumpfsinnige Kühe. Die einzige Aussicht, die sich uns bot, waren die hohen Zäune mit elektrisch geladenem Stacheldraht und die anderen »Pferdeställe«, deren Bewohner ebensowenig hineindurften. An unsere Vergangenheit oder Zukunft dachten wir nicht, wir durften und konnten nichts mehr denken. Ohne Schutz waren wir dem Regen und dem Hagel, den Launen des herannahenden polnischen Winters ausgesetzt. Oft drückten wir uns in großen Gruppen eng aneinander, um uns nur ein bißchen Wärme zu erhalten.

Morgens wurden Brot und ein scheußlicher Kaffee verteilt. Zu Mittag gab es verkochte Kartoffeln und wäßrige Suppe. Alles spielte sich im Freien ab. Niemand besaß einen eigenen Teller. Da der Materialvorrat des Blockältesten gering war, bekamen acht Personen zusammen eine schmierige Kartoffelmasse in einen eisernen Napf. Mit hungrigen Augen und schmutzigen Händen griffen acht Verzweifelte hinein und rissen einander die Kartoffeln aus den Händen. Noch um das letzte Restchen wurde gekämpft. Von Löffeln, Gabeln, Messern und anderen Errungenschaften der Zivilisation war natürlich keine Rede. Wenn es Suppe gab, wurde sie aus der Schale geschlürft.

Um fünf Uhr morgens war Appell, und alle mußten stehenbleiben, bis die Insassen des Lagers gezählt waren. Das dauerte manchmal Stunden, und wir standen in Kälte und Regen, während der Wind durch unsere baumwollenen Jacken und Hosen wehte. Häufig wurden wir auch bestraft und mußten eine Viertelstunde oder länger durch den Dreck rollen, ein andermal hatten wir eine Stunde lang regungslos zu knien, dann

wieder trieben wir »Sport«: Aufstehen, Hinlegen, Aufstehen, Hinlegen. Abends wiederholte sich der Appell mit denselben Späßen.
Viele wurden krank, begannen zu husten, magerten schnell ab oder bekamen Fieber. Niemand ging in die Krankenbaracke. Das war zu gefährlich, es hätte bei der nächsten Selektion den sicheren Tod bedeutet. Bei der Selektion bestimmten die SS-Leute und Lagerältesten die sogenannten Muselmänner, die dann in die Gaskammern geschickt wurden. Zum Appell erschien dann ein Scharführer oder Oberscharführer, der mit einem Spazierstock mit goldenem Knauf die Muselmanen aus den Reihen holte. Am folgenden Tag bereits wurde ihre Asche zum Straßenbau verwendet.
Kurz nach unserer Ankunft kam ein Transport mit kleinen schwächlichen polnischen Jungen an. Am Tag der Selektion gefielen sie der Lagerleitung nicht. Sie wurden in eine leerstehende Baracke eingeschlossen, bevor sie am nächsten Tag durch den Kamin gehen sollten. Einer meiner Freunde, ein Arzt, erzählte mir von den Tragödien, die sich dort abspielten. Der Raum war mit dem Gewimmer und Gejammer der Kinder angefüllt, die auf ihren Tod warteten. Einige versuchten, wie Hunde ein Loch unter der Barackenwand hindurchzugraben, andere schlugen ihre kahlen Köpfe gegen die Mauern oder gegen die Luken, in der Hoffnung, auf diese Weise zu entkommen. Große vollgefressene Kapos liefen mit ihren Totschlägern herum und unterbanden jeden Versuch von Widerstand oder Flucht.
Es wurde aber auch plötzlich und ohne Vorwarnung selektiert. Einmal gingen wir zu zehn Mann neben dem Jauchewagen her. Vor mir ging ein bekannter Arzt aus Amsterdam. Er war nicht rasiert und sah alt und müde aus. Plötzlich sah ich, wie die Krücke eines Spazierstocks den Nacken meines Vordermanns erfaßte. Brutal wurde er aus der Reihe gerissen. Das war die Selektion.
Auschwitz war »zentrales Vernichtungslager«. Eine Reihe von Arbeitslagern war dem Vernichtungslager angegliedert. Deswegen kamen die Leiter der Arbeitslager nach Auschwitz, um sich neue Arbeitskräfte auszusuchen, wenn sie ihre Muselmanen zurückgeschickt hatten. Jeden Tag wurden Wagenladungen voller Selektierter zu den Krematorien geschafft. Diese ausgemergelten Figuren trugen nur noch Hemden, selbst die Fetzen und Jacken hatte man ihnen weggenommen. Blicklos schauten sie sich auf dem grünen Lastwagen an. Sie wußten, wohin ihr Weg führte und was man mit ihnen vorhatte. Es machte ihnen nichts mehr aus – im Gegenteil, denn nun würden sie erlöst werden.

Gerard und ich hatten nach einigen Tagen beschlossen, uns zur Arbeit zu melden. Wir hofften auf etwas Bewegung, um weniger zu frieren und etwas mehr zu essen zu bekommen. Wir wurden dem »Rollwagen 3« zugeteilt und beauftragt, den Unrat und Dreck aus den Baracken abzuholen. Mehrmals am Tag schoben wir unseren Wagen zum Müllabladeplatz, der am Weg zum Krematorium lag. Hier sahen wir viele Wagen mit bleichen Männern und Frauen ankommen, die zumeist mit Wunden und Geschwüren bedeckt waren und bereits ihre Leichenhemden anhatten. Wir schauten nicht einmal, ob wir einzelne Gesichter erkannten. Es wäre nicht möglich gewesen, diese kahlgeschorenen Männerköpfe zu identifizieren, denn die verzerrten Gesichter glichen einander erschreckend. Ein Schwager, eine Schwester, ein Freund oder ein Vetter hätten dabeisein können, ich hätte sie nicht erkannt, und ich bin froh, daß es so war.

Einmal standen wir mit unserem Wagen beim Misthaufen, als eine Rauchwolke und Feuersglut aus dem Krematorium aufstiegen, aber nicht aus dem Kamin. Das jüdische Personal, das dort beschäftigt war, hatte das Gebäude in Brand gesetzt und nutzte die Verwirrung aus, um zu flüchten. Das Personal wurde regelmäßig alle drei Monate ausgewechselt. Die abgelösten Arbeiter wurden dann selbst vergast, weil sie zuviel wußten. Die Brandstiftung fand einige Tage vor dem Personalwechsel statt, die Leute wollten ihre letzte Chance nutzen. Wir sahen Dutzende von SS-Männern mit Maschinengewehren und Karabinern heranstürmen. Es wurde wild geschossen. Ich hörte, daß einem Mann die Flucht gelungen sei.

Unser Rollwagen hatte Vor- und Nachteile. Wir mußten Schwerarbeit leisten. Tonnen mußten geleert und durch Müll und Sand geschoben werden. Wir waren die Zielscheiben jedes Kapos, der durch das Lager ging. Wenn der Wagen nicht schnell genug fuhr, gab es Schläge. Mancher Stock zerbrach auf unseren Rippen. Um elf Uhr aber war der Höhepunkt des Tages. Dann fuhren wir den Mistkarren hinter die Küche. Dort wartete ein Napf mit Kartoffeln auf uns. Mit unseren schmutzigen Händen kratzten wir die zu Brei gekochte Kartoffelmasse zusammen und schlangen alles wie gierige Tiere in uns hinein. Wenn der Oberkapo kam, mußten wir weiterfahren, denn seiner Weisung nach durfte der Karren keinen Augenblick stillstehen.

Durch unseren Wagen kamen wir überallhin. Wir gelangten in alle Blöcke. So sahen und hörten wir Dinge, die andere nicht wußten. Wir sahen täglich Transporte ankommen und sahen die langen Menschenreihen, die direkt vom Perron in die Gaskammer getrieben wurden. Manchmal waren Bekannte dabei. Ich gab nie ein Zeichen des Wiedererkennens.

Von Eingeweihten wurden wir über den genauen Ablauf im Krematorium informiert. Wir hörten von den berüchtigten Bulgarentransporten. Über hundert Mann befanden sich in den kleinen Waggons. Ohne Nahrung, Getränke und sanitäre Anlagen waren sie sieben Tage unterwegs. Jemand, der beim Ausladen dabei war, erzählte mir, daß die meisten vor Angst, Gestank und Elend verrückt geworden waren. In allen Waggons lagen Leichen, und ein unbeschreiblicher Gestank machte es fast unmöglich, diese Mischung von Toten, verrückten Männern und Frauen, Unrat und verdorbenen Lebensmitteln zu entladen.

Ich erfuhr auch, daß die Judentransporte aus Holland anfänglich nicht nach Auschwitz gekommen waren, sondern daß mehr als dreißigtausend holländische Juden ins Vernichtungslager Sobibor geschickt worden waren. In diesem Lager gab es keine Selektion. Nur dreihundert Männer und Frauen waren dort angestellt, alle anderen wurden ohne Ausnahme verbrannt. Dies und noch viel mehr hörte ich während meiner Arbeit mit dem Mistkarren.

II

Gerard und ich hätten wahrscheinlich noch lange in Auschwitz bleiben können, weil wir mit unserem Jauchewagen für die Gemeinschaft nützlich waren. Die ewige Glut des Kamins und die unerwarteten Selektionen erschienen uns aber zu gefährlich. Nachdem wir zwölf Tage mit dem Rollwagen beschäftigt gewesen waren, beschlossen wir daher, uns beim nächsten Appell in eine Reihe zu stellen, aus der eine Auswahl für einen Arbeitstransport getroffen wurde. »Vielleicht landen wir in der Nähe der Front und werden von den Russen befreit«, sagten wir uns. Am Freitag, dem 13. Oktober 1944, wählte uns Hauptscharführer Moll für das von ihm geleitete Konzentrationslager Gleiwitz I aus. Vielleicht lag es am unglücklichen Datum, daß wir es so schlecht trafen, denn Moll war der bösartigste Unmensch, den man sich denken konnte. Mehr als ein Jahrzehnt lang hatte er Erfahrungen in vielen Konzentrationslagern gesammelt und war vom gewöhnlichen SS-Mann zum Hauptscharführer aufgestiegen. Er war Mitglied der sogenannten Vernichtungskommission, die das System der Vergasung und des Verbrennens, also der systematischen Ermordung der Juden erfunden und in die Praxis umgesetzt hatte.

Moll war ein überaus kräftiger Bierbauch-Deutscher, der imstande war, die ausgemergelten Insassen des Konzentrationslagers an Armen und Beinen zu packen und sie mit den Köpfen in den Dreck zu stecken, bis sie erstickten. Viele Grausamkeiten wurden über ihn berichtet, die er in Sachsenhausen, Buchenwald und anderen Lagern begangen hatte. In seiner Art war er eine hervorragende Kraft. Seine vom Bier verschwollenen Augen und die Nase waren rot gefärbt. Sein Mund war stets zu einem spöttisch-sadistischen Grinsen verzogen. Seine Augen blickten grausam und habgierig. Ein dicker Hals ragte aus dem Uniformkragen. Trotz seines vom Bier geblähten Bauches ging er aufrecht und selbstbewußt. Sein Hund Hexe war immer bei ihm, und er hielt stets eine Hundepeitsche bereit.

Nachdem wir von neuem geschoren und gewaschen waren und blaugestreifte Baumwollanzüge bekommen hatten, wurde uns eine Nummer in den linken Unterarm tätowiert. Danach wurden wir in Güterwaggons geladen und fuhren von Auschwitz aus einem weiteren, ungewissen Schicksal entgegen. Als wir ankamen und ausgeladen waren, war es bereits dunkel. Einige barsche Kommandos hallten durch die Nacht. Wir stellten uns in Fünferreihen auf und marschierten zum Lager, wo wir mit kaltem Wasser abgeduscht wurden. Natürlich gab es nichts zum Abtrocknen. Naß stiegen wir in unsere Kleider. In der kalten Nachtluft mußten wir warten, bis alle fertig waren, dann wurden wir in den Block gelassen.

In den Blöcken herrschte eine uns aus Auschwitz unbekannte Sauberkeit und Ordnung. Jeder Verstoß dagegen wurde unerbittlich bestraft. Morgens um vier Uhr wurden wir mit dem Ruf »Aufstehen! Bettenbau!« geweckt. Die Bettwäsche mußte absolut glatt und gerade gezogen werden. Einige hatten sich sogar aus Holz eine Art Lineal zurechtgemacht, mit dem sie jedes Fältchen glattstreichen konnten. Wurde ein Bett falsch »gebaut«, bekam man am Abend mindestens 25 Stockschläge auf den nackten Rücken oder das Gesäß. Geschah es in einem Block zu häufig, daß die Betten nicht vorschriftsmäßig gemacht waren, dann mußten alle Insassen am Abend nach der Arbeit zwischen sieben und acht Uhr »Sport treiben«: in Kolonnen laufen, durch Dreck und Schnee rollen, Kniebeugen und Froschsprünge machen. Dies alles wurde von Stockschlägen auf unsere Rücken begleitet. Manchmal war auch Hexe dabei, die vom Hauptscharführer angefeuert wurde, uns zu beißen, wo sie nur konnte. Moll sah zu und schüttelte sich vor Lachen. Erschöpft und keuchend kamen wir, meist blutiggeschlagen und schlammbedeckt, vom »Sport« zurück. Noch tagelang spürten wir die Nachwirkungen; Herz und Lunge hatten gelitten.

Es gab auch andere Vergehen, deretwegen man »Sport treiben« mußte. Man durfte nicht schmutzig sein, aber im Lager gab es kaum Seife und Handtücher. Man durfte nicht unrasiert sein, aber Messer und Rasierapparate waren uns abgenommen worden. Oft mußte man stundenlang beim Friseur in der Schlange auf eine Rasur warten, manchmal sogar bei Schnee und Hagel. Für ernstere Übertretungen gab es schwere Strafen. Wer ein Brot stahl, wurde sofort erschossen oder im Beisein des Hauptscharführers totgeschlagen. Es war auch strengstens verboten, ein Messer zu besitzen oder sich in der Fabrik, in der gearbeitet wurde, eines anzufertigen. Ich erinnere mich, daß im November beim Appell die Nummer eines Mannes aufgerufen wurde, der den Stiel eines Löffels zum Brotschneiden in ein Messer umgeschliffen hatte. Es war Abend und bereits stockdunkel. Einige Scheinwerfer erleuchteten den Appellplatz. Der Hauptscharführer befahl allen, sich im Viereck aufzustellen. Es mußte Buße getan werden. Zur Strafe wurden dem Häftling Froschsprünge befohlen. Das Lagerorchester sollte im Hintergrund spielen, Moll hielt viel von Musik. Die Strafübung war etwas besonders Widerliches an diesem eiskalten Novemberabend. Immer dickere Hagelkörner sah man im Scheinwerferlicht auf den Boden fallen und dann wieder hochspringen.

Das Opfer begann mit einigen Sprüngen, fiel aber bald hin. Der Mann war unterernährt und abgemagert, und im Lampenlicht sah ich, daß sein Körper mit Eiterbeulen bedeckt war. In seinen pelzgefütterten Armeemantel gehüllt, eilte Moll auf den Unglücklichen zu und prügelte ihn erbarmungslos mit seiner Hundepeitsche. Darauf folgten Fußtritte gegen alle Körperteile, die er treffen konnte. Das Opfer stand stöhnend auf und hüpfte weiter, die Arme vorschriftsgemäß nach vorn gestreckt. Als Moll dies sah, stellte er sich einige Schritte von dem Häftling entfernt auf und rief mit spöttischem Grinsen: »Komm doch, du Kahlkopf, hier bin ich!« Moll hatte die rechte Hand ausgestreckt, als wolle er einem Hund einen Keks geben. In Todesangst und schweißgebadet machte der Sträfling noch etwa zwanzig Sprünge, dann fiel er bewußtlos in den Dreck. Moll rannte auf ihn zu. Wütend schlug er auf den Mann ein. Es half nichts. Ein Eimer mit eiskaltem Wasser wurde über dem Häftling ausgegossen, woraufhin er wieder zu sich kam. Er schaffte nochmals zwanzig Sprünge. Dann fiel der verschmutzte, von Schweiß und Blut durchnäßte Körper direkt vor der Truppe hin. Zwei Kameraden mußten vortreten, um den fast Toten aufzuheben. Mit Stockschlägen wurde er wieder zur Besinnung gebracht. Höhnisch fragte Moll: »Wirst du noch einmal ein Messer machen?« Zunächst erhielt er keine Antwort, mit Peitschenhieben wurde sie dann aber aus ihm herausgepreßt. Keuchend rief der Mann: »Ich werde keine Messer mehr machen!« Moll wandte sich der fast festgefrorenen Menschenmasse zu. »Habt ihr das gehört? Werdet ihr noch einmal Messer machen?« Nach einem hysterisch klingenden »Nein!« aus tausend Kehlen durften wir, vor Kälte erstarrt, in die Blocks zurückmarschieren.

Am Morgen nach unserer Ankunft wurde den Neuankömmlingen während des Appells befohlen vorzutreten. Moll wollte jeden persönlich zur Arbeit einteilen. Mit jedem einzelnen sprach er einen Augenblick. Das Lager befand sich in der Nähe einer Werkstatt der Deutschen Reichsbahn, in der Güterwaggons hergestellt wurden. Dort sollten die meisten von uns arbeiten. Während des kurzen Gesprächs, das Moll mit mir führte, beging ich einen Fehler. Als er mich nach meiner Vergangenheit fragte, sagte ich, daß ich Artillerie-Offizier in der holländischen Armee gewesen und eigentlich Kriegsgefangener sei. »Der läuft mir nur davon«, sagte er zu dem ihn begleitenden SS-Mann. »Kommt nicht in die Fabrik, sondern ins Lagerkommando. Muß besonders bewacht werden.«

Ich wurde zu einer Art Strafkommando eingeteilt, aber Moll interessierte sich auch weiterhin für mich. Wenn er mich von Ferne erblickte, kam er auf mich zu, machte ein paar Bemerkungen über meine Arbeit und schlug mich dann mit seiner Hundepeitsche oder versetzte mir Faustschläge ins Gesicht. »Bei mir wirst du arbeiten lernen, du langer dreckiger Holländer«, sagte er dann. Auch den Kapos hatte er den Auftrag erteilt, mich besonders ›liebevoll‹ zu behandeln. »Schlag ihn ruhig tot, den langen dreckigen Holländer«, hörte ich ihn mehrmals rufen. Viele Vorarbeiter unternahmen den Versuch, diesen Befehl auszuführen, um sich bei ihrem Kommandanten Liebkind zu machen.

Das Lagerkommando arbeitete nicht in der Fabrik, sondern im Lager oder in dessen unmittelbarer Nähe. Wir entluden im Eiltempo Waggons mit Kohle oder Holz und luden Asche oder Schlacke wieder auf. Wir hoben einen großen Teich aus, in dem die Insassen des Lagers beim Herannahen der Russen ertränkt werden sollten. Wir schleppten schwere Betonpfähle und stießen hohe, mit Kieseln beladene Karren durch Sand und Schlamm. Überallhin folgten uns SS-Männer mit Karabinern. Überall und zu jeder Zeit konnte man Schläge und Stöße mit dem Gewehrkolben bekommen. Nirgendwo war ich meines Lebens sicher. Beim Entladen der Kohlewaggons wurde ich mehrmals von einem SS-Mann oder Kapo zu Boden geschlagen, weil ihm mein Arbeitstempo nicht gefiel. Ich stürzte zwischen die Schienen des Nachbargleises. Manchmal schauten deutsche Bürger dabei zu. Ich hörte sie dann zu den SS-Posten sagen: »Ich verstehe nicht, daß ihr sie nicht totschlagt, die dreckigen Juden!« Dadurch ermuntert, schleuderte mir der SS-Mann zum Vergnügen der Zuschauer noch ein Stück Holz oder Steinkohle an den Kopf.

Gerard war es besser ergangen. Als Moll hörte, daß er Arzt war, kam er in den Häftlingskrankenbau, HKB genannt. Er mußte hart arbeiten und seinen Beruf unter schwierigen Umständen ausüben. Aber er war zumindest drinnen und konnte ab und zu auch dies und das extra bekommen. Fast jeden Tag stolperte ich zu ihm, jeden Tag etwas magerer, jedesmal ein bißchen näher am Muselmann. Fürsorglich verband Gerard meine Wunden. Einmal hatte ich ein blutendes Loch im Kopf, ein andermal hatte mich ein Kapo so aufs Auge geschlagen, daß es zugeschwollen war. Mein Nacken, meine Arme und Beine waren voll eitriger Karbunkel. Meine Füße waren kaputt und geschwollen von den viel zu großen Holzschuhen, die ich anstelle meiner Stiefel bekommen hatte. Manchmal drückte Gerard mir nach dem Verbinden ein Stück Brot in die Hand, oder es kam ein Töpfchen mit Suppe hinter dem Verbandskasten zum Vorschein. Einmal hatte er sogar eine Wolljacke für mich organisiert, damit ich es draußen nicht so kalt hätte. Im Block wurde das vom Blockältesten sofort bemerkt. Das kostete mich 25 Stockhiebe, denn niemand durfte etwas anderes als die zugewiesene Kleidung tragen. Die Jacke wurde mir abgenommen.

Die Ernährung war etwas besser als in Auschwitz. Am Abend gab es oft eine Scheibe Wurst, am Sonntag auch mal ein Stückchen Käse. Die Suppe aber wurde immer dünner; es handelte sich um Wassersuppe aus Runkelrüben. Man bekam nur ein Völlegefühl davon, sie hatte keinerlei Nährwert. Wegen der schlechten Ernährung und der viel zu schweren Arbeit bei Schnee, Hagel und Kälte, aber auch aufgrund der Mißhandlungen, verlor ich von Tag zu Tag mehr an Gewicht. Manchmal schleppte ich mich mit einem Freund um fünf Uhr morgens, wenn es noch stockdunkel war, zum Abfalleimer hinter der Küche. Dort suchten wir nach Kartoffelschalen und Runkelrübenabfällen. Wir wußten, daß das gefährlich war, aber wir gaben ohnehin nichts mehr auf unser Leben. Wir wollten nur noch unser Hungergefühl stillen. Natürlich bekamen wir Durchfall von den schädlichen Stoffen, die wir mit dem Abfall zu uns nahmen.

Genau wie alle anderen hatte ich wegen der Kälte und Nässe Probleme mit meiner Blase. Manchmal mußte ich zehnmal pro Nacht aufstehen. In den Blöcken gab es keine WCs. Ich mußte in meinen dünnen Kleidern in der polnischen Winternacht an die hundertfünfzig Meter durch Hagel, Regen oder Schnee gehen. Um Fluchtversuche zu vermeiden, durften nur zwei Mann gleichzeitig den Block verlassen. Die ganze Nacht hindurch trappelte es vor der Barackentüre von ängstlichen Gespenstern, die keinen Urin oder Exkremente in der Baracke hinterlassen durften, wenn sie nicht bestraft werden wollten. Manchmal mußten die Leute fünfzehn bis zwanzig Minuten warten, bis sie an der Reihe waren. Schlafen konnte man auf diese Weise nur wenig.

Schließlich bekam ich vor Erschöpfung, Hunger und Elend eine Phlegmone an meiner linken Wade. Mein Bein schwoll an. Das Gehen und Arbeiten wurde immer mühsamer. Es hagelte Stockschläge auf meinen Kopf und Rücken, weil ich »faul« war und »nicht arbeiten wollte«. Fast wäre ich von einem Vorarbeiter zu Tode geprügelt worden. Ich hinkte zum soundsovielten Mal zu Gerard. Ich sagte ihm, daß ich das alles nicht länger ertragen könne, und bat ihn, mich als Patienten aufzunehmen. Gerard schüttelte bedenklich den Kopf. Es war gefährlich, in der Krankenbaracke zu liegen. Jeden Tag konnten Selektionen stattfinden, und ich sah unbeschreiblich mager und schwach aus. Dennoch bestand ich darauf, in den Krankenblock zu kommen, und einige Tage später bekam ich dort einen Platz zugewiesen.

Die Atmosphäre in der Krankenbaracke war trost- und hoffnungslos. In dem Zimmer, in das ich eingewiesen wurde und das die Größe eines kleinen Wohnzimmers hatte, standen acht Doppelbetten für mehr als dreißig, manchmal sogar vierzig Personen. Alle Arten von Krankheiten waren in diesem Raum versammelt: Scharlach, Kinderlähmung, Dysenterie, Phlegmonen, Tbc, Hungerödeme... Zu zweit, manchmal zu dritt lagen wir in einem Bett, auch Menschen mit vierzig Grad Fieber darunter. Ein Kanonenofen glühte, darauf wurde Brot geröstet oder ein Wassersüppchen aufgewärmt. Es ist mir immer rätselhaft geblieben, weshalb ich mich in diesem Raum mit keiner der gefährlichen Krankheiten angesteckt habe.

Die wenigen Ärzte arbeiteten gleichzeitig als Pfleger. Alle übrigen Arbeiten mußten von den Kranken selbst verrichtet werden. Wir fegten den Boden, putzten die Fenster, zogen die Leichen aus und schafften sie durch den Schnee fort. Jede Woche gab es zwanzig bis fünfundzwanzig Todesfälle. Wir rechneten aus, daß das Lager ohne Ergänzung von außen selbst ohne die Selektionen innerhalb eines halben Jahres ausgestorben wäre. Viele starben an Erschöpfung und Lungenentzündung. Für die Verstorbenen kamen noch zur selben Stunde neue Kranke. Wenn abends vor der Brotausgabe ein Patient gestorben war, verschwiegen wir das ängstlich. Wir setzten den Körper unter der Decke etwas schräg hin, damit es aussah, als lebe er noch. Das gab dann ein extra Stückchen Brot, um das wir wie die Wölfe kämpften.

An den Betten hingen Karten mit unseren Krankenberichten. Einmal pro Woche kam Oberscharführer Klehr in Begleitung seines Hundes, um Karten und Kranke zu inspizieren. Er bestimmte, wer als genesen zu gelten hatte oder Muselmann war und für den nächsten Transport nach Auschwitz in Betracht kam. Die Schnapsflasche schien Klehrs bester Freund zu sein. Die Hände tief in den Hosentaschen, die Uniformmütze schief auf dem Hinterkopf, die zerdrückte Uniform meist halb offen, so betrat er mit herausfordernd langsamen Schritten den Krankensaal. Die lauernden Augen in dem von Machtlust verzerrten Gesicht schienen alles durchbohren und vernichten zu wollen. Die lebenden Leichname saßen reglos aufrecht in den Betten und zitterten vor Angst. Wie ein angetrunkener Viehhändler auf dem Markt torkelte er an den Betten entlang. Hier klopfte er ein paar Rippen ab, dort betastete er einen Arm- oder Oberschenkelmuskel. Nach ein paar halblauten sarkastischen Bemerkungen über die Saujuden, die so schnell wie möglich vom Erdboden zu verschwinden hätten, begann er auf den Krankenblättern seine Notizen zu machen.
Beim ersten Besuch des Oberscharführers, drei Tage nach meiner Aufnahme in die Krankenbaracke, war es nicht gut um mich bestellt. Auf meinem Krankenblatt stand in großen Buchstaben: »A. K.«, allgemeine Körperschwäche. Ich sah Gerard, der im Hintergrund stand, erröten. Ich selbst begriff den Ernst der Lage nur zu gut. Es würde nicht mehr lange dauern, und sie würden mich auf die eine oder andere Art loswerden. Als der Offizier und sein Hund verschwunden waren, kam Gerard zu mir und sagte, er würde die Gefahr abwenden. In der Nacht schrieb er unter Lebensgefahr meine Krankengeschichte neu, die unfreundlichen Anmerkungen von Klehr ließ er dabei weg. Die alte Karte wurde

zerrissen und verbrannt. Am folgenden Tag schleppte mein Schwager mehrere Liter Runkelrübensuppe an, die ich aufessen mußte. Fast jeden Tag bekam ich eine solche Portion, einen kleinen Eimer voll. Diese Runkelrübenkur hatte Erfolg. Bereits nach einer Woche hatte ich vom Wasser einen dicken, roten Kopf, einen dicken Bauch und geschwollene Arme und Beine. Ich hatte das Gefühl, wie ein Michelin-Männchen auszusehen. Klehr jedoch, der wenig Ahnung von Medizin hatte, machte in der folgenden Woche auf meinem Blatt keine Notizen. Er war der Meinung, daß ich gut und gern noch ein bißchen arbeiten könne, bevor sie mich liquidierten.

Meine Phlegmone versuchte man zunächst durch Ruhe auszuheilen. Aber das Bein wurde immer dicker. Da man Komplikationen befürchtete, entschied man sich für eine Operation. Die Operationen im Lager kamen mittelalterlichen Folterungen gleich, denn Narkosen durften nur bei Amputationen verabreicht werden. Phlegmone wurden zumeist ohne Narkose operiert, und dies auch noch mit mangelhaften Instrumenten wie beispielsweise einem scharf geschliffenen Taschenmesser. Ein jüdischer Chirurg, ebenfalls ein Gefangener, tat mit seinen wenigen Hilfsmitteln, was er konnte. Die Arme oder Beine wurden bei dieser Operation ohne Betäubung von oben bis unten aufgeschnitten, Blut und Eiter aus den Wunden geholt, es ging zu wie in einer Metzgerei. Auch hier half mir Gerard. Am Tag vor der Operation versprach er mir, daß ich eine Narkose bekommen würde.

Am folgenden Tag um 23 Uhr fand die Prozedur statt. Mit langen Schnitten wurde mein Unterschenkel geöffnet. Als ich wieder zu mir kam, stand eine große Schüssel voll Blut und Eiter neben mir. Noch zwei weitere Male wurde ich, dann allerdings ohne Betäubung, an diesem Bein operiert. Es tat höllisch weh, während ich von der ersten, großen Operation glücklicherweise nichts gespürt hatte. Ich mußte danach noch wochenlang liegen. Zuerst mußte die Wunde offen bleiben, damit der Eiter abfließen konnte, dann brauchte die Genesung ihre Zeit.

III

Am 17. oder 18. Januar 1945 wurden die Arbeiter aus der Fabrik mitten am Tag ins Lager zurückgeschickt. Anscheinend war etwas Besonderes geschehen. Wir wurden nervös. Über den Stand des Krieges waren wir schon lange nicht mehr informiert. Wir hörten nur Gerüchte, denen wir aber nicht mehr vertrauten, weil sie sich schon allzu oft als falsch herausgestellt hatten. Am 20. Januar dann machte das Gerücht die Runde, daß wir zu Fuß nach Mitteldeutschland evakuiert werden sollten, weil die Russen im Anzug seien. »Was wird mit uns Kranken geschehen?« fragten wir uns. Die meisten von uns konnten nur mit Mühe gehen, die anderen überhaupt nicht. Ich selbst hatte eine große klaffende Wunde an meiner Wade. Um Mitternacht erhielten wir die Antwort. Oberscharführer Klehr trat ins Zimmer und befahl allen Kranken, sich vor die Betten zu stellen. Die Mitte des Zimmers mußte freigemacht werden. Dann hatten wir einer nach dem anderen vor Klehr zu paradieren. Er würde darüber befinden, wer imstande war zu gehen. Wer nicht gehen konnte, mußte zurückbleiben. Die Zurückgebliebenen würden von einer SS-Patrouille umgebracht werden. Wir begriffen sofort, was von dieser nächtlichen Vorstellung abhing. Jeder ging, trotz Wunden und Verband, so heldenhaft wie nur möglich. Als ich an der Reihe war, nahm ich alle Kraft zusammen. Ich marschierte im Paradeschritt an Klehr vorbei, dem so etwas gefiel. So bestand ich die Prüfung und durfte mit auf die Evakuierung.

Es folgte eine unruhige Nacht. Viele unserer Kleidungsstücke waren verschwunden oder gestohlen worden. Es wurde noch etwas Brot und Wurst als Proviant verteilt, und um sechs Uhr morgens mußten alle zum Abmarsch bereit sein. Es war kalt, sicher zehn Grad unter Null. Die zwölfhundert Mann des Lagers waren im Schnee aufmarschiert. Es wurde viel Zeit mit dem Zählen verschwendet. Wieder und wieder wurde gezählt und die Truppe umarrangiert. Mein Bein hatte ich gut verbunden und die Wunde gereinigt. Ich wollte und durfte nicht ausfallen. Es war bekannt, daß Ausfälle von der Patrouille, die hinter der Truppe ging, erschossen werden würden.

Hungrig und unterernährt liefen wir an diesem Tag bis Mitternacht bei klirrender Kälte auf unseren unsicheren Holzschuhen durch den hohen Schnee. Viele Muselmänner waren in der Truppe, die bei jedem Schritt keuchten und sich mühselig Fuß um Fuß vorwärtsschoben. Aber niemand wollte zurückbleiben. Man wußte, daß der Krieg nun ein gutes Ende nahm, und wollte auf keinen Fall auf der letzten Etappe noch eine Kugel in den Kopf gejagt bekommen. Dennoch blieben viele vor Erschöpfung am Wegrand liegen, wir haben sie nie wiedergesehen. Viele hatten Durchfall und mußten oft unterwegs ihre Notdurft verrichten.

Die SS jagte sie weiter, bevor sie ihr Geschäft erledigen konnten, andere wurden mit heruntergelassenen Hosen erschossen.

Sechzehn, siebzehn Stunden mußten wir am ersten Tag gehen. Wir waren eine Versammlung von Krüppeln, bedeckt mit Eiter, Geschwüren und Pusteln. Viele hatten Schuhe, die ihnen nicht paßten und ihnen unterwegs die Haut aufschürften. Sie gingen dann barfuß oder auf Lumpen, die sie mit Fäden oder Draht um ihre Gelenke gebunden hatten, weiter durch den Schnee. Links und rechts marschierten die SS-Viehtreiber, mit Knüppeln jagten sie die Herde. Hinter uns erklangen manchmal die Gewehrschüsse des Mordkommandos. Mein operiertes Bein schwoll immer mehr an, manchmal mußte ich es nachziehen. Meine Leidensgenossen gaben mir dann einen sachten Stoß, denn sie wollten mich nicht zurücklassen. Dann ging es mir wieder etwas besser, und ich konnte allein weitergehen. Ich selbst hatte einen Nachbarn, der zurückzufallen drohte, eine Stunde lang mitgezogen. So konnten wir noch einige retten, die sonst umgekommen wären.

Gegen Mitternacht kamen wir todmüde, schwankend und strauchelnd in einem Konzentrationslager an. Wegen unserer schlechten Verfassung wurden wir angebrüllt und von den Kapos mit Lederriemen geschlagen, und erst nach stundenlangem Stehen wurden wir in einen Küchenraum getrieben, in dem es aber nicht genügend Plätze gab. Auf- und übereinander lagen wir auf dem Küchenboden. Einige kauten an einem Stückchen Brot, das sie noch übrig hatten, schlafen konnten wir kaum.

Am folgenden Morgen wurde Suppe verteilt. Die Zuteilung funktionierte so schlecht, daß nur die Vordersten und Frechsten etwas bekamen. Gerard und ich gehörten nicht dazu. Dann aber gab es Fleischkonserven, eine Büchse für zwölf Personen. Das Stückchen Konservenfleisch, das wir abbekommen hatten, schluckten wir schnell herunter. Danach mußten wir uns versammeln, und schon bald zogen wir wie am Vortag durch den Schnee weiter.

Mein linkes Bein schmerzte erbärmlich. Ich fühlte, wie ich nahe daran war, bewußtlos zu werden, einige Male wäre ich beinahe im Schnee zusammengesackt. Mein Schwager hatte sich eine Tasche mit Medikamenten umgebunden und ging ein paar Reihen hinter mir. Er verabreichte mir eine kräftige Dosis Schmerzmittel, dann ging es wieder etwas besser. Unsere Truppe machte insgesamt einen zunehmend verzweifelten Eindruck. Immer wieder brachen einzelne zusammen, knallten Schüsse, und dieser Ausflug sollte noch viele Tage dauern, wie man munkelte. Um neun Uhr abends landeten wir wieder in einem Konzentrationslager. Hier standen uns Betten zur Verfügung, und total übermüdet warf ich mich hin. Mein Bein klopfte, juckte und schmerzte unerträglich. Ich versuchte, den Verband zu lösen, aber es ging nicht. Alles war eine große verklebte Blut- und Eitermasse.

Im Konzentrationslager Blechhammer, in dem wir nun angekommen waren, gab es um die viertausend Männer und Frauen. Wir erfuhren bald, daß die Behandlung hier besser gewesen war als in unserem ehemaligen Lager. Am folgenden Morgen wurde nun auch Blechhammer mitsamt den verschiedenen Gruppen, die am Vorabend eingetroffen waren, evakuiert. Etwa siebenhundert, achthundert Mann blieben im Lager zurück, die meisten Insassen zogen in Richtung Oder. Wir aber, die zurückgeblieben waren, hatten sicherlich das glücklichere Los gezogen. Hinter Blechhammer nämlich bewaffnete die SS die Kapos mit Maschinengewehren, angeblich zum Schutz gegen die Aggressivität der Juden. An der Oder, nach etwa zehn Kilometern Fußmarsch, begann dann eine wilde Schießerei. Die Kapos schossen zuerst aufeinander und dann wutentbrannt in die Reihen der jüdischen Häftlinge. Hunderte Toter lagen bald am Flußufer, der armselige Rest Überlebender aber war noch wochenlang ein Spielball der Nazischergen. Zu Fuß zogen sie über hohe Berge, übernachtet wurde oft auf ungeschützten Schneeflächen, ohne Nahrung, ohne irgendeine Versorgung, und wohin sie kamen, ließen sie eine Spur ausgemergelter Leichen zurück. Öfters schlossen sich dem Trupp auch versprengte Gruppen aus anderen Lagern an. Immer wieder glaubte man, endlich am Bestimmungsort angekommen zu sein, aber nirgends war Platz. Also wurden die Menschen unbarmherzig immer weitergetrieben, auch die Stärksten brachen schließlich zusammen. Für den Rest sorgten die Maschinengewehre. Nur ganz wenige haben diese Odyssee überlebt.

Gerard und ich waren in Blechhammer zurückgeblieben. Es war mir beim besten Willen nicht möglich weiterzugehen, und auch Gerards Füße waren kaputt. In den leerstehenden Baracken suchten wir uns ein Bett und warteten auf das, was nun kommen würde. SS-Patrouillen waren bei uns geblieben. Auf einem Turm stand ein Posten mit einem Maschinengewehr, der alles zusammenschoß, was in seine Nähe kam. Die Kugeln durchschlugen manchmal sogar die Barackenwände.

Immer wieder gab es Tote. Im Lager waren Kartoffelmieten und Lagerräume für Kartoffeln. Vom Hunger getrieben, machten sich viele auf den Weg dorthin. Sie kehrten nicht zurück, SS-Patrouillen erschossen sie. Am Eingang zum Kartoffelmagazin lagen siebzig bis achtzig Leichen. Dann begannen unsere Aufseher, die Baracken mit Benzin und Handgranaten in Brand zu setzen. Wir versuchten die Flammen zu löschen, während die von Rauch und Feuer herausgetriebenen Bewohner abgeknallt wurden. Auch die Baracke, in der Gerard und ich lagen, brannte zur Hälfte nieder. Maschinengewehrfeuer drang durch das Dach, die Fenster und die hölzernen Wände. Wir hatten uns flach auf den Boden geworfen, um Deckung zu suchen. Der Teil der Baracke, in dem wir uns befanden, blieb glücklicherweise unversehrt.

Die zurückgebliebene SS-Patrouille hatte natürlich den Auftrag, uns zu erledigen. Zu unserem Glück tat sie das aber nicht auf die systematische deutsche Art, und außerdem kamen die Russen auf ihrem Vormarsch schneller als erwartet voran. So konnten unsere Verfolger ihre Mordpläne nicht bis zu Ende durchführen. Eines Abends verschwanden sie plötzlich. In der Nacht kamen einige noch einmal zurück und nahmen hundert Mann von uns als Geiseln. Auch sie sahen wir nie wieder.

Als die Russen herankamen, regnete es Artilleriefeuer auf unser Lager. Wieder gab es ein Blutbad, Tote, zerstörte Baracken. Danach aber geschah tagelang nichts. Wir befanden uns im Niemandsland. Nach zwei, drei Tagen angespannten Wartens, nach angsterfüllten Nächten, deren Stille nur durch die Geräusche von Artillerie und Maschinengewehren von der Front durchbrochen wurde, erreichte die erlösende Nachricht das Lager. Die ersten russischen Panzer waren vorbeigezogen. Wir waren frei!

Schwarze Madonna

I

Gerard und ich schüttelten uns schweigend die Hände und gingen schlafen. Nach der Unsicherheit der vergangenen Tage hatten wir das bitter nötig. Einige zusammengesuchte Lumpen mußten uns gegen die Kälte schützen. Auch die meisten anderen lagen auf ihren Pritschen, um sich seit langer Zeit zum ersten Mal wieder zu entspannen: ohne die Gegenwart der Massenmörder und die ständige Konfrontation mit Tod und Vernichtung. Trotz des Kanonendonners waren wir schnell eingeschlafen.

Als wir aufwachten und uns von unseren Pritschen erhoben, war es bereits heller Tag. Immer mehr blau-weiß gestreifte Gestalten faßten Mut, die demolierten Unterkünfte zu verlassen. Auf dem Platz zwischen den Gebäuden herrschte ein Kommen und Gehen von nur noch aus Haut und Knochen bestehenden Wesen, die vorsichtig ihre Füße aufsetzten, um sich auf dem eisglatten Boden nicht die dünnen Beine zu brechen. Sie hatten kaum noch Kraft, einen Fuß vor den anderen zu setzen. Trotzdem bewegten sie sich ziellos umher.

Auch Gerard und ich mischten uns nach einiger Zeit unter die Gespenster. Nun, da der schlimmste psychische Druck von uns gewichen war, konnten wir unsere Aufmerksamkeit dem Ort widmen, an dem wir die Befreiung erlebt hatten. Das Lager war von mächtigen Tannen umschlossen, alles war von einer Schneeschicht bedeckt. Schnee lag auch auf den Ästen der Bäume in der Ferne, und der Himmel strahlte blau und bildete einen gleißenden Kontrast zu den hilflosen Kreaturen unten am Boden. Ein Stacheldrahtzaun von drei Metern Höhe umgab das Lager, die Wachtürme an den Ecken waren verlassen. Das Portal stand weit offen. Einige Waghalsige hatten ihre Entdeckungsreise bis jenseits der Umzäunung ausgedehnt. Sie kamen schnell wieder zurück. Die Angst vor den Hitler-Banden steckte ihnen noch so sehr in den Knochen, daß sie sich nicht trauten, länger draußen zu bleiben.

Obwohl wir in Auschwitz und Gleiwitz unser Dasein zu verlängern versucht hatten, um die Befreiung erleben zu können, obwohl wir uns noch während der mörderischen Märsche eine ungeheure Anspannung aller Kräfte auferlegt hatten und obwohl wir in den letzten Monaten jede Stunde, ja jede Minute an die Freiheit wie an ein nahes Wunder gedacht hatten, konnten wir ihre Bedeutung nun nicht mehr erfassen. Wir waren nicht mehr imstande, ein Gefühl des Glücks oder der Freude zu erleben, unsere Emotionen waren hinter einem Wall von Schmerz und Leid verlorengegangen. Wir lebten noch, aber wir lebten nicht mehr.

In den Kartoffel- und Lebensmittellagern suchten wir nach Nahrung. Außer einigen verschimmelten Kartoffeln und ein paar Säcken Mehl, in die ein deutscher Bösewicht vor seiner Flucht noch eine riesige Menge Salz gemengt hatte, fanden wir jedoch nichts Brauchbares. Wir folgten dem Beispiel einiger Pioniere, die ein Loch in den Schnee gegraben und darin mit Ästen ein Feuer entfacht hatten, um darin völlig versalzene und verkohlte, fast ungenießbare Pfannkuchen zu backen. Es war ein unheimliches Schauspiel zu sehen, wie Hunderte kahlgeschorener, abgemagerter Geschöpfe mit ihrem Feuerchen, ihrem Mehl und ihrem erbärmlichen Backwerk hantierten. Aber der Hunger war unerbittlich. Einige, die die Kontrolle verloren, pinkelten in das glimmende Feuer und deponierten ihre Exkremente dort. Mit Erstaunen betrachteten die anderen diese schamlose Darbietung von Männern, denen jegliches Gefühl für die Dimensionen ihres eigenen Handelns abhanden gekommen war, und die diesen Analexhibitionismus für ein Zeichen ihrer neu erlangten Freiheit hielten. Gerard versuchte, gegen die schlimmsten Exzesse vorzugehen. Er verbot das regellose Hinterlassen von Fäkalien im Schnee und in den Baracken. Einige hörten auf den Doktor, andere pfiffen auf seine Befehle. Diese Aufsässigen wurden von ihren Schicksalsgenossen verprügelt, weil niemand Interesse an einer Typhusepidemie oder etwas Ähnlichem hatte.

Man mußte kein Arzt sein, um festzustellen, daß jeder in dieser kleinen Gesellschaft den einen oder anderen Tick hatte. Als man einmal herausgefunden hatte, daß sich ein Arzt in der Gruppe befand, hatte Gerard keine Ruhe mehr. Jeder wollte mit ihm über seine Leiden sprechen. Daher beschloß er, im früheren Krankenzimmer eine Praxis zu eröffnen. Vier »Sanitäter« unterstützten ihn dabei, ein lustiger Junge aus Amsterdam, zwei junge Tschechen und ich. Mit dieser »Praxis« luden wir uns eine enorme Arbeit auf. Tag und Nacht waren wir mit den Kranken beschäftigt, kaputte Füße und Geschwüre waren noch die geringsten Leiden. Viele hatten Hautkrankheiten oder Brüche, andere aber waren viel schlimmer dran, und manch einer war vollkommen verrückt geworden. Glücklicherweise entdeckten wir im Krankenrevier einen ansehnlichen Vorrat an Medikamenten, so daß wir unter Gerards Leitung wirksam arbeiten konnten.

Ich selbst war nicht nur Sanitäter, sondern auch Patient, da es um mein operiertes Bein nach den grausamen langen Märschen schlecht bestellt war. Gerard sah die Gefahr, daß die Entzündung auf den Knochen übergriff. Dann war eine plötzliche Vergiftung und damit eine Amputation nicht mehr zu vermeiden. Ich kümmerte mich also so viel wie möglich um mein Bein und versuchte, die große, tiefe Wunde offenzuhalten, damit der Eiter abfließen konnte. Wenn es während meiner weiteren Abenteuer in Polen und Rußland einmal keinen Verband gab, mußte ich mich mit Toilettenpapier oder auch mit Zeitungen zufriedengeben.

Von guten Taten allein konnten wir nicht leben. Wir bemerkten bald, daß unsere Patienten, weil sie den ganzen Tag zu ihrer freien Verfügung hatten, in der Umgebung auf Raubzüge gingen und in den verlassenen Häusern »requirierten«, um sich am Leben zu erhalten. Einige besaßen daher warme Westen, Unterwäsche, Äpfel und Birnen, Suppenkonserven, Schuhe, Schlitten und Rasierapparate. Wir beschlossen, daß diese »nouveaux riches« uns davon etwas abgeben mußten. So kamen der Doktor und sein Team zu einigen Lebensmitteln und Kleidungsstücken, ich selbst erhielt auch ein Paar solide Krücken, an denen ich mich noch monatelang fortbewegte.

Als wir die Bewohner eine Woche lang gründlich versorgt hatten und die Leiden der ernsthaft Kranken so weit wie möglich gelindert waren, schlossen wir die Praxis für einen Tag, um selbst die Umgebung zu erkunden. Das Grüppchen, das da auszog, bestand aus Gerard, den vier Sanitätern und vier weiteren Freunden. In unserer dürftigen und eigenartig zusammengestückelten Kleidung zogen wir durch den Schnee. Wir durchquerten die weiße Fläche rund um das Lager und folgten einem Waldweg. Man hatte uns gesagt, daß wir so zu einem verlassenen Dorf gelangen würden. Diese Information traf aber nicht zu, denn der Wald schien nicht zu enden. Nachdem wir uns ein paar Stunden lang mühselig vorangeschleppt hatten, stießen wir auf einer Lichtung auf eine Scheune. Die Tür war mit einem Vorhängeschloß gesichert, die Fenster waren verbarrikadiert. Im Dach gab es ein weiteres Fenster. Mit vereinten Kräften brachen wir das Schloß auf und betraten die Scheune.

Was wir dort sahen, war verblüffend. Wir standen im Verkaufsraum eines heimlichen Metzgers, der offenbar vor den Russen geflüchtet war. In der Mitte des Raums befand sich ein Ofen, dessen Rohr senkrecht zum Dach aufstieg. Unter dem Dachfenster, auf einem blutbespritzten

Hackblock, lagen zwei riesige Hinterviertel eines Rindes. Vom Boden in der Ecke starrte uns mit glasigen Augen das vom Körper getrennte Haupt eines Wiederkäuers an, einige Rippen und der Schwanz lagen in einem Kasten, daneben ein schwarzbuntes Fell. In der anderen Ecke stand ein Faß mit Därmen.

Weil die Temperatur weit unter null Grad lag, herrschte in dem Raum kein Gestank. Alles war gründlich durchgefroren. Wie eine wildgewordene Schulklasse rannten wir auf die Rinderkeulen zu und versuchten nacheinander, mit dem Messer ein Stück herauszuschneiden. Vergeblich. Gerard, der im Hintergrund wartete, trat vor, um das Fleisch als strenger Inspektor der Volksgesundheit einer Prüfung zu unterziehen. Das Resultat war vernichtend. Es war »zum Verzehr ungeeignet«, wie Gerard sagte. Wie wir auch bettelten, schimpften und tobten, Gerard blieb unerbittlich, und unverrichteter Dinge kehrten wir ins Lager zurück. Der Rückweg fiel uns leichter als der Hinweg, denn unter dem Metzgerei-Inventar hatten wir einen Kompaß gefunden, mit dessen Hilfe wir direkt auf unser Ziel zusteuern konnten.

Als ich an diesem Abend unter meine dünne Decke kroch, begann das Fleischdrama in der Scheune in meiner Phantasie riesige Dimensionen anzunehmen. Die fixe Idee, daß ich nicht auf Gerard hätte hören und mich vom Festmahl abhalten lassen sollen, wurde zur Zwangsvorstellung. Ich glaubte, auf der Stelle verrückt zu werden, wenn ich nicht sofort zur Scheune zurückkehrte und mich eines Stücks Fleisch bemächtigte. Der blutige Hackblock, die Messer, die Därme, der Kuhkopf und die Rindskeulen spukten wild durch meine Phantasien. Noch nie hatte ich mich derart von Freßsucht und Besitzgier ergriffen gefühlt. So stellte ich mir vor, leise aufzustehen, mich in meine Lumpen zu hüllen und meine schmutzige, zerrissene Jacke darüberzuziehen. Den Metzgerskompaß hatte ich noch bei mir. Ich nahm meine Krücken und kontrollierte mein linkes Bein. Die Gaze bedeckte die Wunde vorschriftsgemäß. Alles war perfekt. Meine Krücken auf der Schulter, hinkte ich zur Tür. Niemand durfte etwas von meinem plötzlichen Wahn bemerken.

Dann stand ich draußen unter dem Sternenhimmel. »Die klirrende Kälte wird gegen die Infektion meines Beins nur gut sein«, dachte ich bei mir. Auf meinen Krücken hinkte ich vorwärts. Der orangefarbene Mond schien mir zuzulächeln, als wollte er seine Zustimmung zu meiner Eskapade ausdrücken. Zu meinem Erstaunen war niemand da, der mich zurückhalten wollte, kein SS-Mann, kein Kapo mit einer Peitsche, kein Freund, kein Feind. Den Weg durch den Wald kannte ich genau. Im Schnee war es still, alles wirkte geheimnisvoll. In der Ferne hörte ich einige Schüsse, aber an der Front war es ruhig. Ein Nachtvogel segelte geräuschlos durch die Luft, Fledermäuse strichen an mir vorbei, nur dann und wann unterbrach der Ruf einer Eule die Stille. Nach zwei Stunden hatte ich mich meinem Ziel bis auf gut hundert Meter genähert. Ich sah vor mir, wie das Dachfenster im Mondschein blinkte, die Tür der Scheune war angelehnt. Niemand war da. »Der heimliche Metzger ist wahrscheinlich schon in Berlin«, sagte ich zu mir selbst. Ich öffnete die Tür.

Der Mond schien durch das Dachfenster und beleuchtete den Rinderkopf, der mich starr ansah. Im Ofen entdeckte ich ein paar Holzscheite und Zweige zum Anheizen. In einem Kästchen neben dem Kopf fand ich auch eine Schachtel Zündhölzer – wie im Märchen war für alles gesorgt. Ich machte Feuer. Auch das ging leichter, als ich erwartet hatte.

Die Keulen lagen unberührt auf dem schmutzigen Hackblock. Daneben befanden sich zwei Metzgermesser. Mit aller Kraft versuchte ich, etwas Fleisch von den Knochen zu hacken – ohne Erfolg. Ich schleppte eine der Keulen auf den Ofen, und nach einer halben Stunde begann ein Stück aufzutauen. Der Duft von gebratenem Fleisch stieg mir in die Nase. Aus dem Ofen aber kam beißender Rauch. Ich öffnete die Tür einen Spalt breit. Dann trug ich die zum Teil aufgetaute Keule zum Hackblock zurück. Im unwirklich hellen Mondschein konnte ich recht gut sehen, auch der Ofen gab etwas Licht. Es gelang mir, ein Stück Fleisch von der Keule zu lösen, das ich wieder auf den Ofen legte. Ich fügte etwas Fett dazu, das ich wundersamerweise ebenfalls im Schrank gefunden hatte. Ein göttlicher Duft von gebratenem Fleisch erfüllte alsbald den Raum.

Ich war glücklich, daß ich diesen Versuch unternommen hatte. Nach einer halben Stunde stopfte ich ein großes Stück Fleisch in mich hinein. Ich kaute hastig. Ich fühlte einen unersättlichen Drang, die vielen Monate des Hungers wieder wettzumachen. Als ich etwa anderthalb Pfund Fleisch verzehrt hatte, beschloß ich, die Tasche, die in der Ecke neben dem Kuhkopf stand, als mein Eigentum zu betrachten. Ich füllte sie mit blutigem Fleisch und legte eines der Metzgermesser dazu, Reliquien zur Erinnerung an diese nächtliche Orgie. Dann löschte ich den Ofen, nahm meine Krücken, meine Tasche und den Kompaß und humpelte den gleichen Weg zurück, den ich gekommen war.

Im Lager hatte niemand etwas von meinem nächtlichen Ausflug bemerkt. Satt und zufrieden von meinem traumgleichen Abenteuer schlief ich ein und brauchte nicht einmal Bauchgrimmen zu befürchten.

Am nächsten Morgen um sieben Uhr war die Praxis wieder geöffnet. Lange Reihen von Patienten bildeten sich davor. Unsere Verbände, Pillen und Tropfen fanden reißenden Absatz. Um zehn Uhr rief Gerard mich zu sich, um mir mitzuteilen, daß russisches Militär in der Nähe des Lagers gesichtet worden war und daß er, mit David als Dolmetscher, Kontakt zu ihnen aufnehmen wolle. Das war allerdings nicht nötig. Nicht einmal eine Stunde später fuhren sechs Soldaten in einem russischen Fahrzeug, das aussah wie eine Kreuzung aus einem Panzer und einem Personenwagen, durch das Tor ins Lager. Gerard und David als Repräsentanten der Lagerinsassen gingen den russischen Befreiern entgegen. Nach einem kurzen Gespräch fuhr das wunderliche Vehikel mit den sechs Männern wieder ab. Danach sagte Gerard, daß bald eine Wachmannschaft ins Lager kommen werde, weil die Russen befürchteten, daß wir aufgrund unserer Untererernährtheit und unserer unhygienischen Lebensweise kurz hinter der Front eine Epidemie auslösen könnten. Ein russisches Ärzteteam war bereits im Anzug.

Nach einigen Beratungen beschlossen wir daraufhin, das Lager mit einer Gruppe von neun Männern am folgenden Morgen um fünf Uhr in östlicher Richtung zu verlassen. In tiefer Finsternis setzte sich unser kleiner Zug planmäßig in Bewegung. Die Gruppe bestand aus David und Richard, unseren tschechischen Freunden, aus Fritz, Carl und Hans, drei Deutschen mittleren Alters, sowie vier Holländern, nämlich Joop, Jackie, Gerard und mir. Wir hatten uns so gut wie möglich in Textilien gepackt. Auf einem rasch zusammengenagelten Schlitten lagen einige Lebensmittel, Medikamente, Decken und mein Metzgermesser. Gerard ging mit dem Kompaß voran, Joop und Jackie zogen den Schlitten, ich bildete mit meinen Krücken den Abschluß.

Der Schnee knirschte unter unseren Füßen. Manchmal mußten wir uns unseren Weg unter Ästen hindurchbahnen, die wegen ihrer Schneelast tief herabhingen. Nach dreistündigem Marsch näherten wir uns endlich dem Waldrand. Wir kamen an eine Lichtung. Dort hielten wir an, um etwas zu essen, und erfrischten uns mit geschmolzenem Schnee. Als wir weiterzogen, stand die Sonne am Himmel und warf ihre Strahlen auf die einsame Landschaft. In der Ferne sahen wir einen kleinen Bauernhof, Rauch stieg aus dem Schornstein auf. Ein Mann kam aus dem Haus und ging wieder hinein. Er hatte uns nicht bemerkt. Wir überquerten einen Weg, auf dem weit und breit kein Lebewesen zu sehen war. Wir beschlossen, diesem Weg zu folgen, obwohl niemand wußte, wohin er führte. Es war spiegelglatt, wahrscheinlich waren in den vergangenen Tagen viele Fahrzeuge hier entlanggefahren. Nach ungefähr drei Stunden näherten wir uns einem ehemaligen Zollhaus. Ein alter, untersetzter Mann trat heraus. Er sprach einen kaum verstehbaren Dialekt, eine steinerne Pfeife steckte zwischen seinen gelben Zahnstummeln. Etwas später erschien auch seine Frau an der Tür. Sie war korpulent, hatte ein derbes Gesicht und fragte uns, ob wir etwas Warmes trinken wollten. Wir mußten eine Viertelstunde lang warten.

Vor dem Haus auf einer Bank war Platz genug für sieben magere Gestalten, die übrigen nahmen mit dem Schlitten vorlieb. Das Ehepaar bat uns nicht ins Haus, wahrscheinlich fanden sie das zu gefährlich in dieser einsamen Umgebung. Dann erschien die Frau mit einem Kessel warmer Flüssigkeit und Bechern. In die goß sie das Getränk, das eine Mischung aus Kaffee, Schokolade, Tee und Abwaschwasser zu sein schien. Dennoch schmeckte es herrlich. Etwas später kam der Hausherr mit Brotbrocken, die mit Schmalz bestrichen waren.

Wir waren bei freundlichen Menschen gelandet. Sie erzählten uns, daß die deutsche Armee schon weit in den Westen zurückgedrängt worden sei und die Russen jetzt das Gebiet beherrschten. Eine deutsche Gegenoffensive sei jedoch nicht ausgeschlossen. Sie rieten uns, so schnell wie möglich in östlicher Richtung weiterzuziehen. Wir wußten nun, daß wir dreißig bis vierzig Kilometer vom Städtchen Wörlitz an der Oder entfernt waren, und obwohl uns diese Entfernung wenig angenehm war, blieb uns nichts anderes übrig, als weiterzuwandern. So setzten wir unsere Expedition nach vielen Dankesworten auf dem einsamen Weg fort.

Nach zehn Kilometern erreichten wir ein zusammengeschossenes, verlassenes Dorf, ein paar Rehe waren seine einzigen Bewohner. Die Menschen waren vor den heranrollenden russischen Panzern geflohen. In Anbetracht unserer äußerst dürftigen Kleidung nutzten wir die Gelegenheit, uns in den Häusern etwas besser auszustatten. Ich selbst bemächtigte mich einer pelzgefütterten Mütze und einer Jacke mit Pelzkragen sowie eines Paars ebensolcher Schuhe. Wir fanden auch ein wenig Proviant, und nachdem sich auch meine acht Gefährten ausreichend mit Kleidung versorgt hatten, verließen wir die unheimliche Stätte.

Der Weg blieb weiterhin glatt, schnell kamen wir nicht vorwärts. Daß ich an Krücken gehen mußte, bedeutete ein zusätzliches Handicap für alle. Ich fühlte mich schuldig und humpelte mit meinem schmerzenden Bein so schnell ich konnte. Der Weg schien endlos, und gegen halb fünf begann die Sonne unterzugehen. Wir näherten uns einem etwa zwanzig Meter hohen Hügel, auf dessen Kuppe ein stählernes Rohr schräg in den Himmel ragte. Jackie und Joop erboten sich nachzuforschen, was das bedeutete. Bald danach kehrten sie zurück. Sie hatten die Unterkunft einer verlassenen deutschen Fliegerbatterie entdeckt. Da wir nicht wußten, wann und wo wir sonst eine Schlafgelegenheit finden würden, beschlossen wir trotz aller Risiken, dort zu übernachten. Wir schleppten uns mühsam den Hügel hinauf, den Schlitten zogen wir hinter uns her. Im Schnee lagen die Leichen eines deutschen Feldwebels und eines Soldaten mit Schußwunden im Nacken. Wir rührten sie nicht an.

Die Unterkunft für Mannschaft und Offiziere war überaus ordentlich. Ein fast lebensgroßes Porträt von Adolf Hitler, der auf einer Terrasse in Berchtesgaden mit seinem Hund Blondie spielte, hing an der Wand, Zitate aus »Mein Kampf« waren auf die Tapete geklebt. Ein Abreißkalender der SS zeigte das Datum von vor einer Woche, da mußte die Batteriebemannung also hier ausgezogen sein. Wir entfernten das Führerbild und die Zitate von der Wand. In einer Schublade fanden wir fünfzehn Exemplare eines Wehrmachts-Sprachführers »Russisch-Deutsch«, bearbeitet von Ferdinand Freiherr von Ledebur, Hauptmann a. D. Jeder von uns steckte eines der Büchlein ein. Sie sollten uns noch gute Dienste leisten. Dann entdeckten wir eine kleine Küche mit Gaskochern, im Vorratsschrank fanden wir zwei Säcke mit Makkaroni und eine riesige Büchse Lachsschinken; »Weihnachtsspende des Führers« stand auf dem Etikett. »Nicht für Juden bestimmt«, dachten wir. Trotzdem war der Geschmack des Schinkens vorzüglich.

Hohe Erwartungen setzten wir in die Kochkunst von Fritz, der früher Chefkoch im Hotel »Adlon« gewesen war. Wir verbarrikadierten die Tür. Zugleich wußten wir, daß keiner von uns heil davonkommen würde, falls die Deutschen zurückkehren oder die Russen uns hier finden sollten. Wir handelten dennoch leichtsinnig und unüberlegt, indem wir ein Feuer für unser Makkaronigericht mit Führer-Schinken entfachten. Unsere Schlafstätten erwärmten wir mit Holzkohle aus dem Kachelofen. Nachdem das köstliche, in der Tat des Hotels »Adlon« würdige Nudelgericht in unseren Mägen verschwunden war, legten wir uns schlafen. Abwechselnd mußte einer von uns Wache halten. Doch seltsamerweise geschah in dieser Nacht nichts.

Am folgenden Morgen wuschen wir uns mit dem Schnee von der Fensterbank. Zum Frühstück gab es Notrationen aus dem Vorratsschrank, und Fritz kochte einen »richtigen Bohnenkaffee« entsprechend den Angaben auf den deutschen Kaffeebüchsen. Danach hatten wir das Gefühl, daß es höchste Zeit war, uns wieder aufzumachen. Wir zogen uns an und steckten noch einige Notrationen ein. Als wir die Köpfe zur Tür hinausstreckten, schienen Maschinengewehrschützen in der Nähe zu sein, die ihre Munition in unsere Richtung abfeuerten. Der aus dem Unterstand aufsteigende Rauch war offenbar nicht unbemerkt geblieben. Wir hasteten den Hügel hinunter und setzten so schnell wie möglich unsere Wanderung fort.

Aus der Ferne drang der Lärm von Kanonen herüber, auch das Geratter von Maschinengewehren dauerte den ganzen Morgen über an. Wir bewegten uns weiter, ohne genau zu wissen, wohin. Nach fünf bis sechs Stunden gelangten wir in das Städtchen Wörlitz. Kleine verlassene Villen lagen links und rechts des Weges, danach folgte eine Reihe von Geschäften mit verbarrikadierten Schaufenstern. Wir passierten das imposante Reiterstandbild des lokalen Herrschers Johann Heinrich August Graf von Biberich zu Biberstein, 1802–1902, wie auf dem Sockel zu lesen war. Sein Schnauzbart, sein Kopf und der Hintern des schwerfälligen Pferdes waren schneebedeckt. Wir kamen an der Post und dem Gemeindehaus vorbei, danach näherten wir uns einer belebten Kreuzung. Schon von weitem hörten wir die Geräusche intensiven Straßenverkehrs. Als wir die Kreuzung dann erreichten, trauten wir allerdings kaum unseren Augen. Zwei von der Natur wohlausgestattete weibliche Offiziere regelten mit bunten Flaggen den heranrollenden Verkehr. Mit großem Getöse passierte ein russischer Panzer nach dem anderen. Wir hatten noch nie Fahrzeuge von solcher Größe gesehen. Darauf saßen Soldaten aus allen Republiken des russischen Reiches, Kirgisen, Weiße, Braune, Mongolen, Tataren und Eskimos, und auch die militärischen Ränge waren bunt gemischt, hohe Offiziere, mit Orden behängt, saßen brüderlich neben einfachen Soldaten. Allein die militärischen Kopfbedeckungen, die es da zu sehen gab, wären eine eigene Studie wert gewesen: Pelzmützen in jeglicher Größe und allen erdenklichen Farben, Schirmmützen und andere Mützen verschiedenster Machart und Form.

Unsere Gruppe wurde bald von einem Soldaten bemerkt, der wissen wollte, wer wir waren und was wir hier taten. Leider hatten wir alle keine Ausweise. Als der Unteroffizier unseren Dolmetscher David fragte, wie wir beweisen könnten, daß wir aus dem KZ kämen, zeigte der die auf seinem Arm eintätowierte Auschwitz-Nummer vor. Der Russe begann zu lächeln, das Eis war gebrochen. Wir durften auf dem Hauptweg weitergehen. Außerdem bekamen wir den guten Rat, bei jeder Kontrolle unsere KZ-Nummer zu zeigen und dazu eine Gebärde zu machen, als wollten wir uns enthaupten. Gleichzeitig sollten wir rufen »Hitler kaputt!«.

So zogen wir unseres Weges. Immer mehr mit Fronttruppen besetzte Panzer fuhren vorbei. Um das soeben Gelernte anzuwenden, riefen wir in ihre Richtung »Hitler kaputt!« und machten dazu die Gebärde. »Hitler kaputt, Hitler kaputt!« brüllten die vereinigten russischen Völker von den Tanks zurück. Wir sahen Dutzende, die sich dazu scheinbar die Kehle durchschnitten, um uns aufzumuntern. So funktionierten unsere Beziehungen zur russischen Armee prächtig. In Ehrfurcht vor den unablässig rollenden Panzern, die uns mit Schnee, Dieselgestank und Auspuffgasen beglückten, gingen wir, so gut es möglich war, nahe der Böschung. Von unseren Freunden und Befreiern ertrugen wir das mit Vergnügen, denn mit so vielen Mannschaften und so mächtigem Material war die Parole »Hitler kaputt!« keine Phrase.

Plötzlich aber hörte der Strom der Panzer auf. Einige Zeit blieb es still auf der Straße. Danach tauchten ganz andere militärische Abteilungen auf. Hunderte kleiner, zumeist etwas morscher Karren, die von zwei Pferden oder Maultieren gezogen wurden, näherten sich. Auf dem Bock saßen ältere, oft bärtige Kutscher, zwei Soldaten ließen hinten auf dem Wagen ihre Beine baumeln. Auf den Fahrzeugen lagen Heu, Stroh, Futtermittel und alles, was eine weiterziehende Armee braucht, um die Mannschaft bei Kräften zu halten. Als wir auf einer Brücke den Fluß überqueren und in östlicher Richtung weitermarschieren wollten, wurden wir von einem Soldaten, der dort Wache hielt, angehalten. Er machte uns deutlich, daß wir Wörlitz nicht verlassen durften, uns aber in einem der verlassenen Häuser einquartieren konnten. »Mit den Russen ist nicht zu spaßen«, sagte Gerard. Es gab also keine andere Lösung, als in dem Städtchen zu bleiben.

Bald hatten wir eine kleine unbeschädigte Villa an der Bahnlinie gefunden. Die Tür, in die unter einem kupfernen Türklopfer in gotischen Buchstaben der Name Ludwig Flickermann eingebeizt war, stand einladend offen. Wir begannen mit der Inspektion des Eßzimmers, des Wohnzimmers, der Toilette und der Küche. Oben an der Treppe hing eine Wandstickerei mit dem Wahlspruch des Hausherrn: »Ordnung muß sein«. Im großen Schlafzimmer an der vorderen Seite des Hauses entdeckten wir, daß hier ein korpulenter Bahnhofsvorsteher mit seiner Familie gewohnt hatte. An der Innenseite der Tür hingen zwei feuerrote Mützen, die eine nagelneu, die andere von Wind und Wetter ein wenig angegriffen. Die Bahnuniformen im Schrank waren auf seinen umfangreichen Bierbauch zugeschnitten. Auch die Kleider von Frau Flickermann bestanden aus erheblichen Stoffmengen. Zweifellos war diese Dame eine prächtige Hausfrau. Die Wohnung war gediegen möbliert und sauber. Im Keller war mit großer Systematik ein Vorrat an Speisen und Getränken aufgebaut, die vielen Weckgläser waren mit eigenhändig beschrifteten Etiketten beklebt. Sie enthielten Preiselbeeren, Himbeeren, Johannisbeeren, Kirschen, Schweinsbraten und viele andere Herrlichkeiten, von denen wir auf unseren Pritschen im KZ geträumt hatten wie Kinder vom Schlaraffenland.

Mittags saßen wir an dem von Fritz gedeckten Tisch und sättigten uns an einer üppigen Mahlzeit, danach gingen Jackie und ich los, um die Umgebung zu erkunden. Hier und da gab es noch Deutsche. Hinter den Gardinen schauten sie uns absonderlich gekleideten Käuzen nach. Direkt vor uns brannte eine Scheune ab, wir sahen sie über einem Schwein einstürzen, das mit einem grellen Schrei seinen Geist aufgab. Wir banden seine Hinterläufe mit einem Strick zusammen und zogen es durch den Schnee zur Villa Flickermann. Begeistert wurden wir empfangen. Fritz und Gerard hingen das Tier im Keller auf und bearbeiteten es fachgerecht. Nun hatten wir für viele Tage Koteletts, Schinken, Speck und vieles andere, wie es vor dem Krieg in den Schaufenstern der Metzgereien gelegen hatte.

Früh gingen wir zu Bett. Vier Mann schliefen im Ehebett in dem Zimmer mit den roten Mützen. Drei Mann zogen sich ins Gästezimmer zurück. Zwei mußten mit einem Schlafsack auf dem Boden im Salon vorliebnehmen. Bis Mitternacht hatten wir Ruhe. Dann schienen plötzlich vier Offiziere eines russischen Panzerbataillons sich die Villa als Nachtquartier ausgesucht zu haben. Glücklicherweise war einer von ihnen ein Jude. Er begriff besser als die anderen, wer wir waren und woher wir kamen. Wir brauchten das Haus nicht zu verlassen. Unsere späten Gäste fanden allerdings, daß sie als Angehörige der russischen Streitkräfte ein Anrecht auf die Betten hätten. So mußten wir uns mit dem Fußboden auf dem Speicher und dem Teppich im Eßzimmer begnügen. Zuvor brieten wir unseren Gästen noch ein paar Schweineschnitzel, wofür wir von ihnen im Austausch Roggenbrot und Butter bekamen. Die Panzeroffiziere hatten mit uns Freundschaft geschlossen.

Am folgenden Morgen nahmen wir mit unseren vier Besuchern das Frühstück ein. Es wurden so viele Herrlichkeiten aus dem Keller aufgetischt, daß es eher einem Staatsbankett als einem Frühstück glich. Die Stimmung war fabelhaft. Nach dem Essen konnte Gerard es nicht unterlassen, seine medizinischen Fähigkeiten zu demonstrieren. Noch aus dem Konzentrationslager hatte ich an meinem rechten kleinen Finger eine Art Gewebefäulnis. Mein Schwager hatte mir vor einigen Tagen gesagt, daß er den Finger operieren wolle. An diesem Morgen nun fand er es nötig, diese Operation auf dem Küchenbrett des Stationsvorstehers auszuführen. Er rollte seine Hemdsärmel auf und legte die aus Blechhammer stammenden chirurgischen Instrumente auf dem teilweise abgeräumten Tisch zurecht. Er bat Jackie, zwei der scharfen Messer gut auszukochen und Watte und Alkohol zur Desinfektion bereitzuhalten. Eine Tischlampe mußte die nötige Beleuchtung abgeben. Ich ertrug den Eingriff mit Fassung. Die Soldaten in offenen Hemden, die Wodkaflasche an den Lippen, schauten vergnügt zu. Für sie war es eine unerwartete Unterhaltung zu früher Stunde. Der operierte Finger wurde von Jackie verbunden, und die Russen schenkten mir zum Trost eine Flasche Slibowitz. Nach einem herzlichen Abschied zogen sie weiter an die Front. »Hitler kaputt!« riefen wir ihnen nach. »Dafür werden wir sorgen«, gaben sie uns zu verstehen.

Nach dem Auszug der russischen Offiziere war das Haus ein Saustall. Fast nichts mehr befand sich auf seinem angestammten Platz. Auf den Spiegel im Schlafzimmer hatten unsere Freunde mit Seife »Hitler kaputt« geschrieben. Die Fotos von Adolf Hitler und dem Zweitallerhöchsten, Hermann Göring, waren von der Wand gerissen worden und lagen in Fetzen auf dem Boden. Die Aschenbecher waren voller Zigarettenstummel und Papier, eine stattliche Anzahl Flaschen lag auf der Erde. Wir beschlossen, die Wohnung wieder in Ordnung zu bringen, da wir ja nicht wußten, wie lange wir uns hier noch aufhalten würden. Wir teilten die Arbeit unter uns auf, und nach einem halben Tag Schwitzen wohnten wir wieder so fein und sauber wie zu Anfang.

Das Mittagessen in der schön aufgeräumten Küche war ein Fest. Die Gerichte, die Fritz auftischte, schmeckten herrlich. Das Schwein war noch nicht aufgegessen. Es gab Huhn und Suppe, Schweineschnitzel, Preisel- und Himbeeren, und zum Dessert hatte Fritz eine Erdbeertorte hergestellt. Wir aßen, ja, wir fraßen und kämpften um den letzten Bissen, obwohl uns Huhn und Suppe schon fast wieder zu den Ohren herauskamen. Um gute Tischmanieren machten wir uns keine Sorgen.

Natürlich hatte jeder einzelne von uns gleichzeitig tiefsitzende Probleme. Die meisten hatten keine Nachrichten von ihren Frauen, Kindern, Eltern und nächsten Familienangehörigen. Die Wahrscheinlichkeit, daß sie alle im Hexenkessel der Nazimörder umgekommen waren, war sehr groß. Wir wollten aber am Grübeln über persönliches Leid nicht zugrunde gehen und hatten eine stillschweigende Übereinkunft getroffen. Wir wollten so wenig wie möglich an das eigene Elend denken und das Leben so nehmen, wie es war. Ab und zu sah man jemanden grübeln oder auch heimlich schluchzen. Aber im allgemeinen hielten sich alle an die Regel.

Im Haus der Flickermanns wohnten wir ungefähr eine Woche gemütlich und komfortabel, bis an einem stockfinsteren Abend an die Haustür geklopft wurde. Nach einer kurzen Beratung öffneten wir. Zwei breite, knochige Russen standen im Eingang und stellten sich als Militärpolizei vor. Ohne zu fragen, traten sie ein. Es folgte eine Hausdurchsuchung vom Keller bis zum Speicher. Von dort brachten die Ruhestörer einen verrosteten Apparat mit herunter, der mir wie eine Kreuzung zwischen einer Batterie, einer Kleinstwaschmaschine und einem Radio erschien. Barsch fragten unsere Besucher, was das zu bedeuten habe. Sie glaubten, uns erwischt zu haben, weil wir offenbar im Besitz eines geheimen Senders waren. Das war eine ernstzunehmende Beschuldigung. Nach einer langen Diskussion zwischen David, Richard und den beiden Polizisten schienen sie endlich von unserer Unschuld überzeugt zu sein. Das änderte aber nichts daran, daß zwei von uns sich am nächsten Morgen in der Wickstraße 14 melden mußten. Sollten sie nicht erscheinen, würde das Folgen haben, sagten unsere Freunde. Zum Schluß ließen sie sich überreden, mit uns noch eine Tasse Kaffee zu trinken. Danach salutierten sie zum Abschied und verschwanden.

In dieser Nacht hielt uns die Frage »Melden oder nicht melden« wach. Wenn wir den Befehl ignorierten, war nichts Gutes zu erwarten. Also gingen Jackie und David am folgenden Morgen zur angegebenen Adresse. Den ganzen Tag warteten wir auf ihre Rückkehr, aber sie kamen nicht zurück. Wir gerieten in höchste Unruhe und beschlossen, daß Gerard und Fritz am nächsten Tag nachschauen sollten, was mit

Jackie und David geschehen war. Doch auch das führte zu keinem besseren Resultat – nun waren alle vier verschwunden.

Wir restlichen fünf hielten Kriegsrat. Wir wollten nichts unterlassen, um unsere Freunde zurückzubekommen. Wir beschlossen daher, niemanden in der Villa zurückzulassen, luden soviel Gepäck wie möglich auf den Schlitten und zogen jede Menge Kleider übereinander an, um auf alle Widrigkeiten vorbereitet zu sein. Dann stiefelten wir zur Wickstraße. Wir kamen zu einem großen dunklen Gebäude, das von einer hohen Mauer und einem Graben umgeben war. Es handelte sich um das ehemalige Zuchthaus von Wörlitz.

Wir waren schon verloren, als wir uns dem Gebäude auf ein paar hundert Meter genähert hatten. Zwei große wohlgenährte Soldaten kamen auf uns zu und grinsten uns freundlich an. Sie geleiteten uns über die verschneite Brücke zum Zuchthaus, ohne daß wir uns dagegen hätten wehren können. Zwei riesige Türen öffneten sich und schlossen sich sofort wieder hinter uns. Drei Wochen, nachdem die Russen uns aus den Klauen der Nazis gerettet hatten, waren wir wieder eingeschlossen. Als wir mit unserem Schlitten durch den großen Innenhof des Zuchthauses stapften, kamen Gerard, Fritz, Jackie und Richard schmunzelnd auf uns zu. Sie schüttelten uns die Hand und hießen uns mit ironischem Grinsen herzlich willkommen.

II

Kurz vor dem Eintreffen der russischen Armee waren die Gefangenen des Zuchthauses von den Deutschen in aller Eile evakuiert worden. Alles war noch an seinem Platz, und die Russen benutzten das Zuchthaus nun, um dort Leute festzusetzen, die sie, so dicht hinter der Front, lieber nicht frei herumlaufen lassen wollten. Als wir fünf ankamen, befanden sich etwa 150 Personen darin. Die meisten stammten aus den Konzentrationslagern, es waren Juden, Franzosen, Belgier und Holländer aus dem Widerstand. Es gab aber auch höchst verdächtige Deutsche, SS-Leute und holländische Nazis. Unsere Befreier hatten keine Ahnung, was sie da alles aufgesammelt hatten, für sie waren alle gleich.

Gerard, Richard, David und Jackie hatten für uns bereits Betten im Schlafsaal reserviert, auf die sie Kärtchen mit der Aufschrift »Herzlich willkommen. Die Direktion« gestellt hatten. Nachdem wir unser Gepäck unter dem Bett verstaut hatten, nahmen uns unsere Freunde auf eine Führung durch das Haus mit. »Genau wie im Rijksmuseum«, sagte Gerard. »Nur wird die ›Nachtwache‹ leider gerade restauriert.« Im düsteren Arbeitszimmer des geflüchteten Gefängnisdirektors, einem großen, kaum möblierten Raum, waren vier Stühle um einen Schreibtisch gruppiert. Die Rolläden waren halb geschlossen, dahinter waren Gitterstäbe zu sehen. Hier waren aufsässige Gefangene von einem Heinrich Himmler im Kleinformat drangsaliert worden. Ich dachte an das halbe Schwein, das im Keller der Villa an der Bahnlinie nun verfaulen würde. An den Zellenmauern klebten traurige Gedichte zwischen Bildern von Pin-up-Girls aus Großmutters Zeiten. Gemäß den darauf angebrachten Stempeln war dies alles Eigentum des Reichsverbandes für Gefangenen- und Entlassenen-Fürsorge, Unterabteilung Wörlitz. Ferner hing noch ein Brett in jeder Zelle, auf dem die Gefangenen die endlosen Tage, Wochen und Monate ihrer Haftzeit abstreichen konnten. Ich sah Eintragungen von zehn, zwölf und fünfzehn Jahren, aber auch zu lebenslänglicher Haft Verurteilte hatten in diesen Zellen vegetiert. Mit Schaudern dachte ich an die Kapos und Oberkapos in Auschwitz und Gleiwitz, die oft unter solchen Delinquenten rekrutiert worden waren und ihre Strafen reduzieren konnten, indem sie so viele Juden wie möglich in den Tod schickten.

Nach unserem Rundgang kehrten wir in den Innenhof zurück, in den gerade ein Ochse hineingeführt wurde. Wenig später war das Tier mit einem gezielten Schuß aus dem Karabiner erledigt. Am Abend gab es eine köstliche Suppe mit großen Fleischstücken. Über die Ernährung im Zuchthaus konnte man nicht klagen, auch schien eine große Menge geistiger Getränke vorrätig zu sein, die ohne Ansehen der Person an Wächter wie Gefangene ausgeteilt wurden. Unsere körperliche Kondition war allerdings nicht so gut, daß wir viel Alkohol vertragen hätten. Gerard fand es zudem notwendig, mir strikte Bettruhe zu verordnen, da immer noch die Gefahr bestand, daß mein Bein nicht heilte und amputiert werden mußte. Es fiel mir nicht schwer, mich an seinen Ratschlag zu halten, denn in der Haftanstalt war sowieso nicht viel los. Die meisten schlugen ihre Zeit mit Kartenspielen, Knobeln oder Lesen tot, einige spielten Fußball. Wir geschwächten Ex-Häftlinge aus dem KZ nahmen daran nicht teil. Wir hatten unter der Leitung der SS genug »Sport« getrieben. Bei den Russen erreichte Gerard, daß ich während des Appells, der jeden Abend stattfand, auf meinem Lager liegenbleiben konnte. Im Vergleich zu den menschenunwürdigen Schikanen der

Deutschen waren die Appelle im Zuchthaus eine gemütliche Versammlung, die nicht einmal von den Wächtern ernstgenommen wurde.

Beständig stieg die Anzahl der Einwohner im Zuchthaus. Die Sammelwut der Russen nahm kein Ende. Als das Haus proppenvoll war, beglückte uns beim Appell ein Hauptmann mit seiner Anwesenheit. Er trug goldene Epauletten, Auszeichnungen hingen an seiner Brust, eine graue Persianermütze zierte sein Haupt. »Eine Figur aus einem Roman von Dostojewski«, dachte ich hinter meinem Fenster im Schlafsaal. Auf Befehl des Hauptmanns wurde das lebende Inventar des Zuchthauses in Fünferreihen aufgestellt. Dann hielt er eine Rede, die mir trotz des Meisterwerks des Freiherrn von Ledebur unverständlich blieb. Glücklicherweise folgte ihr eine Zusammenfassung in gebrochenem Deutsch. »Die siegreiche russische Armee hat in den letzten Tagen wieder große Erfolge erzielt...« Es folgten die Namen eroberter Städte. »Weil Feldmarschall Stalin Sie an der Freude teilhaben lassen möchte, bietet er Ihnen an, heute abend eine Kinovorstellung im Städtchen zu besuchen.« Danach hieß es: »Rechts um, vorwärts marsch!« Die dreihundert Männer befolgten die Befehle, und innerhalb weniger Minuten waren sie durch den monumentalen Ausgang verschwunden.

Inzwischen war es Abend geworden. Ich kroch in mein Bett zurück und wartete. Es wurde elf, zwölf und ein Uhr. Die Truppe war noch immer nicht von ihrem Ausgang zurückgekehrt. Mitten in der Nacht kamen fünf Mann vom französischen Widerstand herein, die von den Russen in einem Heuschober aufgespürt worden waren. Sie sollten sich Betten im Schlafsaal suchen. In diesem Augenblick begriff ich, daß die Dreihundert woandershin gebracht worden waren und nicht mehr zurückkehren würden. Ich fühlte mich verlassen und betrogen. Nun mußte ich allein weiterkommen.

Als das Gefängnis zehn Tage später erneut überfüllt war, erschien die militärische Romanfigur wieder zum Appell. Diesmal war ich vorbereitet. Ich sprang von meiner Pritsche auf, hüllte mich in meine Sachen und band mir mein Gepäck mitsamt Aktentasche und Messer mit einem Riemen um den Körper. Auf meinen Krücken schloß ich mich dem Trupp an, der nach der Ansprache des Hauptmanns durch das Zuchthausportal hinaus dem Ungewissen entgegenging. Ein Arzt aus dem französischen Untergrund, den ich ein paarmal konsultiert hatte, glaubte, daß ich einen nicht allzu langen Marsch überstehen würde.

In der Nacht kamen wir zu einem Bauernhof. Ein Küchenwagen der Armee wartete auf uns. Jeder bekam eine Büchse warme Kartoffeln mit

Gulasch, danach konnten wir uns zwei Stunden im Heu ausruhen. Um drei Uhr ging es weiter. Bei Tagesanbruch gelangten wir in ein Städtchen, dessen Fabrikschornsteine hoch in den Himmel ragten. Ein Unteroffizier zu Pferd kam uns entgegen. Unter viel Geschrei machte er unseren Begleitern klar, daß wir in die falsche Richtung marschiert waren: Anstatt nach Osten waren wir nach Nordwesten gegangen. So mußten wir wieder umkehren.

In der Stadt durften wir übernachten. Die Straßen waren ausgestorben. Mit fünfzehn anderen bezog ich die äußerst reinliche Wohnung eines Buchhalters. Seine Fachliteratur »Die Buchhaltung und das Mindestwertprinzip« lag zwischen einem Röhrchen Aspirin und der Heiligen Schrift auf dem Nachttisch. Wir schliefen in den Betten, auf dem Boden und im Bad. Von dem Kosakenregiment, das im Städtchen lagerte, bekamen wir Brot, Schmalz und einen warmen Imbiß. Als wir die Wohnung wieder verließen, konnte darin von Reinlichkeit keine Rede mehr sein.

Exakt um 20 Uhr begann der Marsch nach Osten. Aus mir unverständlichen Gründen durften wir nicht tagsüber wandern. Wir hatten auch andere Begleiter bekommen. Voraus ritten zwei Kosaken auf kleinen Pferden mit Karabinern auf dem Rücken und Pelzmützen über den Ohren. Sie sogen an ihren Pfeifen. Manchmal schienen sie mir auf ihren Pferden eingeschlafen zu sein. Dahinter folgte die Kolonne, Adlige und Gauner, Große und Kleine, Dicke und Dünne, Gesunde und Kranke, einige noch in gestreiften KZ-Anzügen, andere in Pelzjacken oder Uniform. Polen, Deutsche, Franzosen, Belgier und Holländer bildeten den Trupp.

Zu Beginn ging ich vorne mit, aber wegen meiner Krücken fiel ich immer weiter zurück. Am Schluß humpelte ich hinter der Truppe her, eingerahmt von zwei Soldaten auf klappernden Fahrrädern, die darauf zu achten hatten, daß niemand zurückblieb oder floh. Trotz meiner rudimentären Russischkenntnisse begann ich mit ihnen ein Gespräch. Sie verstanden, daß ich die größte Mühe hatte, Schritt zu halten und bald würde aufgeben müssen. Wir kamen an einen verschneiten Deich. Ich machte den beiden Soldaten klar, daß ich nicht weiterkonnte. Am Fuße des Deichs stand eine Scheune, wahrscheinlich ein Lagerraum für landwirtschaftliche Geräte. Die Russen machten mir durch Zeichensprache deutlich, daß ich mich schnell nach unten gleiten lassen und in der Scheune verschwinden sollte. Ich folgte diesem Befehl sofort. Einige Sekunden später lag ich unten am Deich im Schnee.

Die Truppe war schnell aus meinem Blickfeld verschwunden. Ich bewegte mich mühselig zur Scheune. Die Tür war nicht verschlossen. Drinnen lag etwas Stroh. Ich legte mich hin, aber wegen des stechenden Schmerzes in meinem Bein hielt ich es nicht lange aus. Ich humpelte wieder nach draußen und ging eine Viertelstunde auf und ab. Der Krampf ließ bald nach. Ich trat wieder in die Scheune. Zum Glück war es nicht kalt, der Deich hielt den Wind ab. Gegen ein Bündel Stroh gelehnt, fiel ich in Schlaf.

Gegen sechs Uhr früh erwachte ich. Ich erhob mich mühsam und ging hinaus. Am Himmel waren die ersten Anzeichen des beginnenden Tages zu erkennen, im feinen Nebel zeichnete sich die Landschaft als eine unendliche weiße Fläche ab. Ich aß einen Brocken Brot mit Schmalz, den ich von der letzten Ration noch übrig hatte. Etwas später sah ich in der Ferne im dunstigen Licht auf dem Deich einen Karren, der sich aus der Richtung näherte, aus der ich gekommen war. Zwei Ochsen zogen den Wagen. Auf meine Krücken gestützt, konnte ich langsam den verschneiten Deich hinaufklettern. Neben dem Gespann ging ein bärtiger Bauer, auf dem Karren erkannte ich Stühle, einen Tisch, Matratzen und Bettzeug. Inmitten dieser Gegenstände saß eine schwarzgekleidete Frau, den Kopf mit einem wollenen Schal umhüllt. Der Bauer hielt die Ochsen an und fragte mich in einem polnisch-deutschen Kauderwelsch, woher ich käme und wohin ich wolle. An meinem abgemagerten Gesicht, meinen lahmen Beinen und den Krücken konnte er sehen, wie es um mich stand. Ich zitterte vor Kälte. Ich zeigte ihm meine Auschwitz-Nummer und sagte »Hitler kaputt«.

Der Mann war voller Verständnis. Er bat die Frau, ihren Platz auf dem Wagen an mich abzutreten, und ich nahm zitternd zwischen dem Umzugsgut Platz. Mir wurde klar, daß ich ohne diese barmherzigen Leute am Deich erfroren wäre.

Schweigsam ging es vorwärts. Ab und zu trieb der Bauer die Tiere mit seinem Stock oder einem groben Zuruf an. Dann sprang der Wagen nach vorn, und ich mußte mich gut festhalten. Nach zwei Stunden erschien zu unserer Linken am Fuße eines Hügels ein Städtchen. Der Bauer ließ das Gespann halten und bat mich herunterzusteigen, was mir viel Mühe machte. Ich dankte meinen Wohltätern dafür, daß sie mir das Leben gerettet hatten. Die Frau nahm wieder ihren Platz auf dem Wagen ein, der sich langsam in Bewegung setzte und allmählich im Morgennebel verschwand.

Es waren etwa fünfhundert Meter bis zum Stadtrand. Ich klopfte an die Tür der erstbesten Wohnung. Eine hochgewachsene junge Frau öffnete mir. Ich zeigte ihr meine KZ-Nummer und erklärte ihr, daß mein linkes Bein sofort behandelt werden mußte. Die Frau, eine Deutsche, führte mich ins Wohnzimmer und bot mir ihren besten Stuhl an. Es gab hier außer ihr noch zwei weitere junge Frauen und einen alten Mann. Die Ehemänner der Frauen waren von Hitler nach Nordafrika, Frankreich, auf den Balkan und an die russische Front geschickt worden, seit Monaten hatten sie nichts mehr von ihnen gehört. In dieser Wohnung im Städtchen Költ konnte ich feststellen, daß die deutsche Bevölkerung nicht nur aus sadistischen Verrückten bestand. Es gab auch anständige Menschen wie diese drei Frauen, die die Kriegserfahrung gebrochen hatte. Als Jude, der vor noch nicht einmal einem Monat dem Tod im KZ entgangen war, hatte ich allerdings Mühe, das zu begreifen. Wie perfekte Krankenschwestern pflegten die drei mein Bein, das nach den Strapazen der vergangenen Tage grausig aussah. Der Verband konnte nur mit viel Sorgfalt und Geduld gelöst werden.

Ich begriff, daß die Frauen mir alle erdenklichen Wohltaten angedeihen lassen wollten, um mir zu zeigen, daß nicht durch ihre Schuld so viele Juden ermordet worden waren. Selten wurde ich so liebevoll gepflegt wie von diesen drei »Feindinnen«. Sie schafften ein großes Nußbaumbett nach unten. Darin lag ich wie ein Maharadscha inmitten der Kitsch-Arrangements eines deutschen Wohnzimmers. Nach zwei Tagen aber gab mir der alte Vater deutlich zu verstehen, daß es schwierig würde, mich noch länger zu beherbergen. Ich verstand den Grund nicht, war aber sofort bereit, das Haus zu verlassen. Der alte Herr hatte sich wegen einer Unterkunft für mich erkundigt und brachte mich am nächsten Morgen bis zum Zaun des Kriegsgefangenenlagers in der Nähe des Städtchens. Nachdem er sich entfernt hatte, betrat ich auf Krücken meine nächste Unterkunft.

III

Ich folgte den Pfeilen »To the Office«. In einem kleinen Büro saß ein kanadischer Sergeant und hackte eifrig auf einer Schreibmaschine. An der Wand hingen ein Plan des Lagers, ein Foto von König George VI. in der Uniform eines Großadmirals und ein Poster der Whiskymarke Black & White. Der Unteroffizier bot mir einen Stuhl an. Ich erzählte ihm kurz, woher ich kam und was ich wollte. Der Sergeant führte mich ins Nebenzimmer, wo ein magerer Oberst die Lagerbuchhaltung aufarbeitete. Ich bekam die Erlaubnis, mich in einem ausgeblichenen Sessel niederzulassen. Dann erzählte ich meine Geschichte noch einmal.

Oberst Sitwell interessierte sich sehr für meinen Bericht. Er betrachtete mich wie einen Menschen vom anderen Stern. Er hatte viel über die »disgusting crimes against human beings« gelesen, aber ein Exemplar, das der Hölle lebend entkommen war, hatte er noch nicht getroffen. Er wollte alle Einzelheiten wissen, und ich beantwortete bereitwillig alle Fragen. Es war klar, daß ich im Lager bleiben konnte und medizinisch versorgt werden würde. »Aber hier sind große Veränderungen im Gange«, sagte der Oberst. »Ich möchte bei Ihnen nicht die Erwartung wecken, daß Sie hier länger als eine Woche bleiben können.« Anfang Februar hatten die Oberbefehlshaber der Alliierten in Jalta ein Abkommen über die Repatriierung der befreiten Kriegsgefangenen geschlossen. Oberst Sitwell wartete nun auf einen Befehl der Militärmission in Moskau, aus dem hervorgehen sollte, auf welche Weise sich die Insassen des Lagers nach Odessa begeben sollten. Von dort aus würden sie dann mit dem Schiff in ihre Heimatländer reisen.

Kurze Zeit später betrat der Gesundheitsoffizier, Hauptmann Mariotto, das Zimmer. Er war der einzige Italiener unter lauter Offizieren und Unteroffizieren aus dem britischen Commonwealth. Er stellte sich höflich vor, eine Zeremonie aus früheren Zeiten, die ich vollkommen vergessen hatte. Auch der Doktor interessierte sich für meine Geschichte. Er begleitete mich ins Krankenzimmer, und ich zog mich, von einem Pfleger unterstützt, schnell aus. Dr. Mariotto begann mein Bein zu untersuchen. Er widmete der tiefen Operationswunde, die nicht heilen wollte, viel Aufmerksamkeit. Seine Empfehlung lautete: »Ins Bett und das Bein auf einem Kissen hochlegen.«

Mir wurde bald deutlich, daß ich in diesem Kriegsgefangenenlager eine Besonderheit war. Viele sympathische Männer kamen an mein Krankenbett, um sich mit mir zu unterhalten, niemand kam mit leeren Händen. Auf und unter meinem Bett und auf dem Tisch stapelten sich Geschenke: Gläser mit Konfitüre, Konserven, Zigaretten, Biskuits, selbst Krawatten und Oberhemden. Oberst Sitwell besuchte mich mit einem übriggebliebenen Weihnachtspaket. Mit vor Aufregung roten Backen öffnete ich die mit drolligen Weihnachtsmännern verzierte Schachtel. Ich war außer mir vor Freude, als ich darin Englischen Kuchen, Plumpudding, Pralinen, getrocknete Früchte, einen Talisman an einer Schnur und noch vieles mehr fand.

Einige Tage nach meiner Ankunft erzählte mir einer meiner Besucher, daß ein wichtiger Befehl aus Moskau eingetroffen sei. Danach sollten am kommenden Montag alle Insassen des Lagers zur polnischen Bahnstation Prilewicz marschieren. Nur die Kranken und Schwachen sollten mit dem Auto transportiert werden, denn Benzin war knapp. Mir war klar, daß die Aufhebung dieser Gemeinschaft psychisch nicht für alle leicht zu verarbeiten war. Von der übrigen Welt abgeschnitten, hatten die Männer unter dem gegnerischen Regime viel Schweres zusammen ertragen. Das hatte sie eng miteinander verbunden.

Am Samstag vor dem Abmarsch sollte das Ende des Lagerlebens feierlich begangen werden. Der Speisesaal war reichlich mit Girlanden, Fahnen und Tannenzweigen geschmückt. Gegen 19 Uhr durfte ich, gestützt von Dr. Mariotto, den Saal betreten und mich an den Tisch der höheren Offiziere setzen. Die beiden Obersten und fünf Majore hatten beschlossen, sich nicht aktiv am Fest zu beteiligen, sondern das Geschehen hinter ihren Gläsern mit alkoholischen Getränken zu beobachten. In einer Ecke stand ein vorsintflutliches Klavier, auf dem ein uniformierter junger Mann äußerst schräge Töne anschlug, drei weitere malträtierten Saxophon, Schlagzeug und Trompete. Der Lärm, den sie alle zusammen erzeugten, war grauenhaft. Einige Festteilnehmer hatten sich als Straßenräuber, andere als leichte Mädchen verkleidet. So war eine »gemischte Gesellschaft« entstanden, die von einer wirklich gemischten kaum zu unterscheiden war. Es gab einen ansehnlichen Vorrat an alkoholischen Getränken, und die Atmosphäre im Saal wurde immer rauchiger und stickiger, die Räuberbande erregter, die »Damen« hysterischer. Hier und dort saßen knutschende Pärchen, alle spielten ihre Rolle vorzüglich. Das wilde Gehämmer des Orchesters ging pausenlos weiter. Manchmal tat mir der Lärm geradezu physisch weh, dann wieder amüsierte mich die ausgelassene Fröhlichkeit. Decolletierte »Miezen« schoben mir Schokoladentäfelchen in den Mund und strichen mir über das noch immer etwas kahle Haupt. Die höheren Offiziere sahen alledem unbewegt zu.

Ich mußte an mein erstes Studienjahr zurückdenken, als ich mit meinen Freunden sechstklassige Tanzvergnügen im Rotterdamer Kneipen- und Bordellbezirk besuchte. Fünfzehn Jahre später lebte diese Atmosphäre in Költ wieder auf, auch wenn hier die Mädchen nicht das waren, was man gemeinhin darunter versteht. Hier feierten die von Krieg und Gefangenschaft gezeichneten Soldaten ihre wiedergewonnene Freiheit, und ein Gefühl von Beklemmung überkam mich, als ich an die würdelosen Auftritte in Blechhammer kurz nach der Befreiung dachte. Schlag Mitternacht nahmen dann plötzlich alle, die höheren Offiziere wie die Straßenräuber mit ihren Dirnen, eine militärisch stramme Haltung an. Feierlich ertönte »God save the King«, das Fest war zu Ende.

Am Sonntagnachmittag begann das Packen. Ich beteiligte mich daran, obwohl ich noch nicht wußte, wie meine Abreise vor sich gehen würde. Gegen Abend teilte mir Oberst Sitwell mit, daß Mariotto und er der Meinung waren, daß ich die anstrengende Fahrt nach Odessa nicht überstehen würde. Er hatte daher den Kommandanten des russischen Spitals in Tschenstochau (Czestochowa) ersucht, mich dort aufzunehmen. Ein Krankenwagen würde mich hinbringen. All meine Bitten, mich mit den anderen fahren zu lassen, halfen nichts, Sitwell blieb unerbittlich.

Es war noch stockdunkel, als der unmusikalische Trompeter am nächsten Morgen den Weckruf erschallen ließ. Alle waren sofort auf den Beinen. Mein Gepäck stand neben meinem Bett. Es bestand aus zwei Kartons mit Leckerbissen und meiner alten Tasche aus Blechhammer. Gegen halb acht wurde es hell. Die Briten mußten sich in Dreierreihen aufstellen, jede Gruppe stand unter der Leitung eines Majors. Inzwischen waren auch zwei russische Militärfahrzeuge für das Gepäck und die Schwächeren unter den Soldaten angekommen. Ich wäre liebend gern mit einem der Lastwagen mitgefahren, aber dem Befehl des Obersten konnte ich mich nicht widersetzen.

Um acht Uhr traf mein Krankenwagen ein. Ich verabschiedete mich von allen Freunden, dann wurde ich ins Auto getragen. Als ich abfuhr, war die erste Gruppe von Offizieren und Unteroffizieren bereits unterwegs. Ich fuhr auf dem Weg nach Prilewicz an ihnen vorbei und winkte ihnen zu. Sie grüßten zurück und wünschten mir eine gute Reise. Als der russische Chauffeur die Kolonne passiert hatte, gab er Vollgas in Richtung Tschenstochau, der Wagen schoß nur so dahin. Ich hatte Angst, er könnte in einen der Bäume am Straßenrand rasen, und glaubte schon, mein letztes Stündlein habe geschlagen. Krampfhaft klammerte ich mich an meiner Trage fest. Aber der Fahrer verstand sein Handwerk und war das Fahren auf vereisten Straßen offenbar gewöhnt. Nach einer dreiviertel Stunde trafen wir vor dem Eingang des russischen Krankenhauses ein. Das Gebäude hatte vier Stockwerke und war so ausgedehnt, daß ich weder links noch rechts das Ende des Kolosses erkennen konnte, während mich die Pfleger hineintrugen.

IV

Die Männer lieferten mich und mein Gepäck in der Aufnahme des Spitals ab. Eine Dame in Kittelschürze mit zwei Orden auf dem Busen begann, für mich eine gelbe Karte auszufüllen. Dann folgte noch ein ganzer Stapel von Listen und Formularen. Sie stellte mir unzählige Fragen, sogar mein militärischer Rang mußte notiert werden. Ein Sprachproblem gab es nicht, denn die Dame sprach fließend Englisch und Deutsch. Schließlich überreichte sie mir ein hölzernes Täfelchen mit den Angaben »Saal 68, Bett 24«.

Zwei Krankenschwestern begleiteten mich daraufhin in einen gekachelten Raum. Sie entkleideten mich, entfernten meinen Verband und steckten mich in eine Wanne mit warmem Wasser. Dort schrubbten sie mich mit grüner Seife ab, als wäre ich ein Artilleriegaul. Meine russischen Sprachkenntnisse waren leider zu gering, als daß ich den jungen Damen hätte erklären können, daß ich seit meiner frühesten Jugend an einem »Antiwaschkomplex« litt und es mir lieber gewesen wäre, sie gingen etwas behutsamer mit mir um. Die Textilien, die sie von meinem Körper geschält hatten, kamen vorläufig ins Kleidermagazin. Im Austausch für sie erhielt ich ein grobleinenes Hemd mit Bändern statt Knöpfen, einen hellblauen Schlafanzug mit dazu passenden Pantoffeln und Rasierzeug. Kurz darauf lag ich in meinem Bett im dritten Stock.

Im Saal 68 lagen leicht und halbschwer Verwundete, deren Arme, Beine, Brust oder Bauch in Verbänden steckten. Genau wie auf den Panzern, die durch das Städchen Wörlitz an die Front gerasselt waren, war auch hier eine bunte Gesellschaft aus den verschiedensten Rassen und Völkern versammelt. Die meisten Saalgenossen allerdings kamen aus der Ukraine. Der Militärarzt ließ nicht lange auf sich warten. Er untersuchte mein Bein und kam zu denselben Schlußfolgerungen wie Mariotto: »Bettruhe und Bein hoch.« Dann ging er wieder, ein unzugänglicher, düsterer Bär. Anfangs hatte ich nicht die geringste Lust, mich hier mit jemandem zu unterhalten. Ich konnte mich nur schwer verständlich machen, zudem war ich demprimiert, weil Sitwell sich geweigert hatte, mich nach Odessa mitreisen zu lassen. Ich sah in dieser Situation keine Perspektive mehr für mich.

Unter dem Wandschränkchen, in dem die Krankenschwester meine Kostbarkeiten aus Költ deponiert hatte, hing ein Kalenderblatt aus dem Jahr 1944, auf das alle Tage dieses Jahres aufgedruckt waren. Dahinter standen jeweils die Namen von Heiligen. Zahlen und Wörter waren um eine Reproduktion der Schwarzen Madonna gruppiert, deren Original sich in der Kathedrale von Tschenstochau befand. Ihr Gewand war mit Edelsteinen bestickt, auf dem Arm trug sie das ebenfalls schwarze Jesuskind. Beide hatten eine Krone aus Perlen, und hinter ihnen schwebten Engel mit Posaunen. Dieses Kalenderblatt bildete meine einzige Lektüre, und als Übung für mein Gehirn versuchte ich, die polnischen Namen ins Holländische zu übersetzen. In meinem einsamen Spitalbett wurde Maria meine Freundin und Beschützerin. Nachts träumte ich von ihr und legte ihr meine Probleme dar. Sie hörte aufmerksam zu, war weise und hilfsbereit – mit religiösen Entscheidungsfragen zwischen Katholizismus und Judentum hatte all das nichts zu tun.

Einige Tage nach meiner Ankunft wurde ich Zeuge eines Ereignisses, das Maria und mich noch in meinen Träumen beschäftigen sollte. Der Oberkommandant der russischen Streitkräfte in Ostdeutschland und Polen, Marschall Wirolowski, kam ins Spital, um einen meiner Saalgenossen, einen ruhigen blonden Jungen, dessen Beine dick mit Verbänden umwickelt waren, mit einer hohen Auszeichnung zu dekorieren. Schon frühmorgens war der ganze Saal deswegen in Aufregung. Der Boden wurde blitzsauber gefegt, alle Betten waren frisch bezogen, Ärzte und Schwestern erschienen in makellosen Jacken und Schürzen. Um 15 Uhr öffnete sich dann die Saaltür, und der Marschall schritt durch den Mittelgang. Sein Gefolge bestand aus dem Kommandanten des Spitals und einer großen Anzahl von Leuten, die weiter unten auf der Stufenleiter der Krankenhaushierarchie standen. Wirolowski sah genauso aus, wie ich mir einen russischen Marschall immer vorgestellt hatte: breit gebaut, mit blühenden Gesichtszügen und mindestens fünfundzwanzig Kilogramm Übergewicht, die Brust voller Orden, Kreuze und Bänder. Er trug eine Uniform von bestem Stoff und Schnitt, und sein kühner Blick ließ keinen Zweifel daran, daß es ihm keine Schwierigkeiten machte, seine Truppen ohne Zögern in die vorderste Kampflinie zu schicken.

Vor dem Bett des jungen Kriegshelden hielt die Kolonne an. Einem von einer Ordonnanz getragenen Kästchen entnahm Wirolowski den Orden und steckte ihn dem heldenhaften Unteroffizier an die Brust. Danach stellte er in wenigen Worten dessen Taten noch einmal heraus, umarmte ihn und verabschiedete sich dann nach einem kurzen persönlichen Gespräch.

Kurze Zeit darauf erhielten wir alle eine Flasche Landwein aus dem Kaukasus, dazu ein Pfund rußschwarzen Tabak von der Krim und ein besonders gut zubereitetes Essen. Als es Abend wurde, hatten fast alle ihren »Vino« schon durch die Kehle gejagt. Ich hingegen hatte meine Flasche noch nicht geöffnet, weil ich nicht wußte, wie sich der Alkohol auf meine geschwächte Konstitution auswirken würde. Schließlich aber wischte ich meine Zweifel beiseite und goß den dreiviertel Liter Wein in wenigen Zügen in mich hinein. Danach fiel ich sofort in Schlaf.

In dieser Nacht träumte ich, daß Wirolowski und sein Gefolge nochmals durch den Mittelgang hereinkamen. Diesmal aber steckten sie in weißen Ärztekitteln. Sie trugen Bohrmaschinen, Meißel, Sägen und anderes grausames Werkzeug bei sich, um mein krankes Bein zu amputieren. Wie ich auch tobte und mich zu wehren versuchte, sie hielten mich fest. Ich bettelte um Gnade, aber niemand nahm Notiz davon. Ich war meinen Verfolgern ausgeliefert. Als aber die Operation ihren Lauf nehmen sollte, trat die Schwarze Madonna aus dem Kalenderblatt. Das dunkle Jesuskind setzte sie auf den Boden. Lächelnd sprach sie zu den Peinigern und versuchte, sie mit einem Appell an die Gerechtigkeit von ihrem sadistischen Tun abzubringen. Doch die Chirurgen wollten nicht auf Maria hören. »Wir sind Kommunisten und haben mit Religion nichts zu tun!« schrien sie. Ich wurde immer ängstlicher und wehrte mich noch heftiger. Da fuhren Blitzschläge vom Himmel. Das Krankenhaus erbebte in seinem Fundament und geriet in Brand. Ich schrie, in Schweiß gebadet, vor Panik und Entsetzen.

Die Nachtschwester rüttelte mich wach. Sie stand mit einem Glas Wasser an meinem Bett, als ich die Augen öffnete. Sofort griff ich nach meinem linken Bein, das aber glücklicherweise noch an meinem Rumpf saß. Die Schwester strich mir über den Kopf und sagte mir ein paar liebe russische Worte. Deren genaue Bedeutung verstand ich nicht, wohl aber die tröstende Absicht.

Mit Ausnahme dieses Alptraums war mein Aufenthalt im Spital angenehmer, als ich es mir anfangs vorgestellt hatte. Ich schloß mit den Männern im Saal Freundschaft. Sie waren einfache, unkomplizierte Leute, die der Krieg aus ihrem Arbeiter- und Bauernleben gerissen hatte. Mit der Zeit ging auch die Konversation etwas flotter, weil ich den Wehrmachtssprachführer und mitunter auch die Zeitung studierte, um mich besser ausdrücken zu können. Ungefähr eine Woche, nachdem der tapfere Jurij seine Auszeichnung erhalten hatte, trat dann für mich eine Wende zum Guten ein. Der Doktor erlaubte mir, ein paar Stunden pro Tag im Saal umherzugehen. Während dieser Rundgänge plauderte ich mit fast allen und lernte dabei begreifen, daß die Sowjetunion und das übrige Europa zwei ganz verschiedenen Welten angehörten. Darüber hinaus half ich beim Austeilen der warmen Mahlzeit, die täglich um zwölf Uhr von den Köchen in den Saal gebracht wurde.

Eines Mittags war ich gerade mit dem Schöpflöffel in Aktion, als John und Louis ihren Kopf durch die Tür steckten. Ich erkannte sie sofort als Landsleute und begrüßte sie voller Freude. John und Louis waren zusammen mit zwei anderen Reserveoffizieren aus einem Kriegsgefangenenlager geflüchtet und hatten sich danach in einer Wohnung an der Krowotnystraße in Tschenstochau niedergelassen. Nun kamen sie, um festzustellen, ob es stimmte, daß ein holländischer Offizier ins Spital eingeliefert worden war. Louis kannte ich bereits aus meiner Dienstzeit bei der Artillerie, John war ein mir unbekannter Kavallerist. Nachdem wir uns unsere Erlebnisse erzählt hatten, machten die beiden mir den Vorschlag, ich solle doch zu ihnen ziehen. Ihre Mitbewohner hätten gewiß nichts dagegen. Ich nahm dieses Angebot gern an, aber ich hatte Zweifel, ob die Spitaladministration mich so schnell gehen lassen würde. Was ich über die russische Bürokratie gehört hatte, stimmte mich pessimistisch. Als die beiden weggingen, versprachen sie mir, den Spitalkommandanten persönlich zu bitten, meine Entlassung zu beschleunigen, und tatsächlich erhielt ich zwei Tage später den Bescheid, daß ich das Krankenhaus am folgenden Mittwoch um zehn Uhr verlassen durfte.

An diesem Mittwoch ging dann alles nach Plan. Nochmals mußte ich bei der Dame in der Kittelschürze Platz nehmen, wieder wurden Formulare ausgefüllt. Danach bekam ich einen Bon für das Kleidermagazin, wo ich meine eigenen Kleidungsstücke gegen die Krankenhauskleidung wiedereintauschen konnte. Um Viertel nach zehn stieg ich endlich auf meinen Krücken die Treppen des Spitals hinunter. Mit Hilfe des Lageplans, den Louis mir auf ein Stückchen Papier gekritzelt hatte, wollte ich nun versuchen, die Krowotnystraße zu finden.

Da ich viele Wochen nur drinnen verbracht hatte, reizte die Winterkälte meine Haut und die Bronchien. Es lag ziemlich viel Schnee. Wege und Straßen waren schmutzig, es fuhren kaum Autos, nur dann und wann ratterte eine klapprige Straßenbahn an mir vorüber. In Tschenstochau hatte sich das Leben nach dem Abzug der Deutschen noch nicht wieder normalisiert. Vor den öffentlichen Gebäuden wurde in Männergruppen diskutiert, die meisten Passanten waren bleich und mager, viele schienen nervös. Die Schaufenster waren zugenagelt, die Hauptstraße machte einen desolaten Eindruck. Vor dem Portal der Oper fand gerade eine Massenschlägerei statt.

Etwas später kam ich an der Post vorbei, hinter der sich die Kathedrale befand. Auf meine Krücken gestützt, betrat ich das mächtige Bauwerk. Drinnen war es still und feierlich. Der Duft von Weihrauch wehte mir entgegen, hie und da knieten ins Gebet versunkene Gläubige. Die Pelzmütze in der Hand, ging ich die Bänke entlang bis zum Altar. Rechts davon war das Bild der Schwarzen Madonna. Nachdenklich stand ich davor. Hier strahlte sie mehr Liebe aus als auf dem Kalenderblatt. Zu ihren Füßen brannten Kerzen, Dankesbezeugungen von Menschen, denen sie geholfen hatte. In der Stille der Kathedrale dachte ich an die Ereignisse der letzten Jahre zurück. Deutlicher als je zuvor empfand ich, daß ich als Jude geboren wurde und das auch immer bleiben wollte. Die Greueltaten der Nazis hatten meine Bindungen an das Judentum gestärkt. Als einer der wenigen Überlebenden des Holocaust hatte ich den Toten gegenüber die Pflicht, das Judentum weder zu verleugnen noch gar zu verlassen. Ich mußte also meine geistigen Beziehungen mit Maria abbrechen.

Die Schwarze Madonna durchschaute meine Gedanken. Zu ihrer Betrübnis mußte sie erkennen, daß allzu viele der ihr Ergebenen sich während der Pogrome in Polen und Rußland der Ausrottung von jüdischen Frauen, Männern und Kindern schuldig gemacht und dabei unvorstellbare Untaten begangen hatten. Meinen Entschluß, mit ihr zu brechen, konnte sie daher begreifen und auch billigen. Mit einem melancholischen Lächeln wünschte sie mir eine gute Reise und glückliche Heimkehr. So verließ ich die Kirche.

Zehn Minuten später klingelte ich an der Wohnung in der Krowotnystraße. Ich wurde bereits erwartet. Im Eßzimmer standen fünf Stühle um den Tisch, eine Kaffeekanne wartete auf dem Stövchen, Platten mit Brot und Aufschnitt waren angerichtet. Ich schüttelte den vier Männern die Hand und bedankte mich dafür, daß sie meine Entlassung aus dem Spital bewirkt hatten. Dann setzten wir uns an den Tisch. Ich fühlte mich sofort in den Kreis der Freunde aufgenommen. Der Kalender an der Wand zeigte den 14. März 1945.

Repatriierung

I

Es wurde Frühling. Der Schnee in den Straßen war geschmolzen, die Natur zeigte sich von ihrer besten Seite, und auch ich konnte dem Leben nun leichter begegnen als zuvor. Aber nicht allein das Ende des Winters gab mir neue Kraft. Durch die wochenlange gute Ernährung in Wörlitz, Költ und im Armee-Spital hatte sich mein körperlicher Zustand stark verbessert. Die düstere Zeit des willenlosen Muselmann-Daseins lag hinter mir. Nach Aussage des polnischen Arztes, der in der Krowotnystraße praktizierte, war die Gefahr lebensgefährlicher Komplikationen in meinem Bein gebannt, obwohl ich mich noch monatelang auf Krücken fortbewegen und der Versorgung der Wunde viel Beachtung schenken mußte. Nicht zuletzt aber trugen meine Freunde wesentlich zu meiner körperlichen und geistigen Erholung bei. Bei allem, was sie taten, nahmen sie Rücksicht auf mich, weil ich mehr durchgemacht hatte als sie und oft über das Schicksal meiner Frau und meiner Familie grübelte.

Unser Leben in der Wohnung ging sehr ruhig und freundschaftlich vonstatten. Wir teilten uns die Ausgaben und hatten Kontakt mit Holländern, Belgiern und Franzosen, die in der Stadt wohnten und denen es schlechter ging als uns. Wir kamen in Häuser, in denen fünfzig bis sechzig Mann auf dem nackten Boden kampierten.

Ich bekam schließlich auch Gelegenheit, mein kommerzielles Talent zu entfalten. Der frühere Bewohner unserer Wohnung, der sich aus undurchsichtigen Gründen hatte verziehen müssen, fragte uns, ob wir für ihn das Klavier an Interessenten verkaufen wollten, die sich auf sein Inserat melden würden. Ich bot ihm an, jedem potentiellen Käufer auf dem Instrument einen Walzer von Strauß vorzuspielen, wenn er mir pro Vortrag ein Honorar in Form von 250 Gramm Kartoffeln zahlen würde. Er akzeptierte den Vorschlag und gab mir auf diese Weise die Chance, zwei Kilogramm Kartoffeln zu verdienen – meine ersten selbstverdienten Lebensmittel nach dem Krieg.

Am 18. März bekamen wir Besuch von einem russischen Oberst, einem besonders freundlichen und charmanten Mann. Er versorgte uns mit

Informationen über die weite Reise, die noch vor uns lag und auf der unser Freund Knokkus das Kommando übernehmen sollte. Wir vier anderen sollten als Unterkommandanten für die Holländer fungieren, die wir in Tschenstochau und auf dem Weg nach Odessa aufsammeln würden. Um uns entsprechend auszustatten, konnten wir am nächsten Tag in der Kleiderkammer eines in Tschenstochau stationierten Regiments russische Armeekleidung beziehen. Dabei handelte es sich um die bekannten grünen Tunikas mit Epauletten, um Mäntel, Pelzmützen, Stiefel, Fußwickel und dergleichen. Von dieser freundlichen Geste machten wir dankbar Gebrauch, denn die Kleidung gab uns auf der Reise einen gewissen Status, der es uns erleichterte, unsere Aufgabe als Reiseleiter zu erfüllen.

Weshalb der Oberst und sein Vorgesetzter dies alles für uns organisierten, war uns zunächst ein Rätsel, denn sie hatten zu Kriegszeiten gewiß andere Sorgen als die Verschiffung von ein paar hundert armseligen Holländern. Für die Abwicklung unserer Rückkehr zu sorgen war eigentlich die Aufgabe des Botschafters Ihrer Majestät in Moskau, eines Baron van Breugel-Douglas. Statt sich aber selbst in die Lager und an die Aufenthaltsorte der Holländer in seinem Zuständigkeitsbereich zu begeben, genügte es diesem hochherrschaftlichen Herrn, von Moskau aus seine Direktiven zu erteilen. Im Vergleich zu den Franzosen, Belgiern und Briten, die regelmäßig von Beauftragten ihres Landes besucht wurden, fühlten wir uns da von unserem Baron, der in tausend Kilometern Entfernung ausharrte, ein wenig geprellt. Dennoch beeinflußte dieses mangelnde offizielle Interesse unsere Rückkehr nicht nachteilig. Die russischen Militärs und die britische Repatriierungskommission gaben uns die Unterstützung, die wir benötigten, und wahrscheinlich tat auch unser amtlicher Vertreter von seinem Moskauer Schreibtisch aus das Seine. Etwas weniger überhebliche Distanz und ein wenig mehr Menschlichkeit hätten wir im weiten Rußland des Frühjahrs 1945 allerdings durchaus zu schätzen gewußt.

II

Am 20. März standen auf einem Nebengleis unweit des Bahnhofs von Tschenstochau dreißig Güterwagen bereit. Als wir in unseren neuerworbenen Uniformen dort ankamen, erfüllte mich dieser Anblick mit Grauen. Mit aller Kraft mußte ich mich darüber hinwegsetzen und mir bewußtmachen, daß diese Waggons eine ganz andere Bestimmung hatten als die Geisterzüge der Vergangenheit.

Eine Viertelstunde nach unserer Ankunft erschien endlich ein Bahnbeamter, um uns die nötigen Informationen zu geben. Infolge von Unterernährung hing die Tunika schlaff an seinem mageren Körper herab. Mit Schulkreide begann er die Waggons zu kennzeichnen: Sechsmal schrieb er Belgien, siebenmal Frankreich, sechzehnmal Holland und einmal »Kommandant«. Der letzte Wagen war für den russischen Zugkommandanten bestimmt, der neben anderem für unsere Verpflegung sorgen mußte. Uns Holländern war erheblich mehr Raum zugeteilt worden als den Belgiern und Franzosen, weil für diese unterwegs noch weitere Waggons angekoppelt werden sollten. Dazu würden außerdem noch fünf Wagen mit Feuerholz kommen. Dies alles zeugte von einem Organisationsvermögen, das wir nicht erwartet hatten, und zum Dank gab ich dem Eisenbahner eine Handvoll schwarzen Krimtabak. Er dankte seinerseits mit einer tiefen Verneigung.

Danach kehrten wir in die Stadt zurück, um unsere verstreut wohnenden Landsleute über die bevorstehenden Ereignisse zu informieren und dafür zu sorgen, daß bei Abfahrt des Zuges niemand zurückblieb. So bald würde sich vermutlich keine neue Reisegelegenheit nach Odessa ergeben. Von denen, die wir aufsuchten, waren einige recht erstaunt über unseren russisch-militärischen Aufzug. Manche waren neidisch und wären selbst gern in unseren imposanten Uniformen umhergegangen. Doch gewöhnten sich alle schnell an die neue Situation, zumal klar war, daß ohne eine autorisierte Leitung unterwegs ein heilloses Chaos herrschen würde.

Am frühen Morgen des 22. März 1945 kamen die Rückwanderer bei den Waggons an. Zwei zischende und keuchende Lokomotiven waren inzwischen davorgehängt worden. Die Maschinisten beugten sich aus dem Führerhäuschen und starrten auf die wunderlichen Gestalten, die da ihren Zug bestiegen. Die meisten Reisenden hatten einen halben Trödelladen bei sich: Decken, Kissen, Bezüge, Matratzen und Kisten mit allerlei fragwürdigem Inhalt. Es hatte aber niemand Lust festzustellen, woher all das stammte. Entscheidend war, daß es den Leuten unterwegs gutging. Wir fünf hatten von dem freundlichen Oberst anstelle von Reisegeld Textilien für den Tauschhandel unterwegs mitbekommen. Gegen neun Uhr traf dann auch der russische Zugkommandant ein, ein ehemaliger Pilot, der im Kampf schwer verwundet worden war, wie sein vernarbtes Gesicht und seine verkrüppelten Beine bezeugten. Damit es ihm nicht langweilig wurde, hatte er seine Geliebte mitgebracht, die in Pelzmantel, Lackstiefeln und feschem weißem Barett einen überaus attraktiven Eindruck machte.

Die Nahrungsmittel, die der Oberst und seine Freundin unterwegs ausgaben, reichten zum Leben nicht hin und nicht her. Daher mußten wir auf den Bahnhöfen, an denen wir anhielten, durch Tauschgeschäfte für Ergänzung sorgen. Zwei frische Hühner gab es für eine Unterhose, sechs Eier für einen BH, ein Pfund Schmalz kostete ein Hemd. In unserem sogenannten Kommandowagen wohnten wir zu zehnt, die fünf Mann aus der Krowotnystraße nebst fünf jungen Männern, die für die Nachrichtenübermittlung im Zug, für Besorgungen an den Haltepunkten und andere Aufgaben zuständig waren. Mehrmals sahen wir sie hinter dem Zug herlaufen, weil dieser sich bereits in Bewegung setzte, während sie noch auf dem Bahnhofsplatz mit einheimischen Händlern feilschten.

In unserem Waggon war Jaap Laguna, einer meiner Leidensgenossen aus dem KZ, zweifellos die wichtigste Figur. Vor dem Krieg war er Eigentümer eines Sandwich-Ladens in Amsterdam gewesen. Nun erfreute er uns einige Tage nach der Abfahrt aus Tschenstochau mit einem kleinen Restaurant, das er in einer Ecke des Waggons eingerichtet hatte. Wenn wir morgens die Augen aufschlugen, duftete es bereits nach Kaffee, und wir konnten unsere Bestellungen bei ihm aufgeben. Seine Speisekarte erweiterte sich von Tag zu Tag, und die Qualität seines Angebots verbesserte sich. Woher er all die Ingredienzien organisierte, blieb uns allerdings ein Rätsel.

Die Fahrt bedeutete für die Reisenden eine monotone Abfolge von Schlafen, Sitzen, Liegen und Essen. Auf stundenlanges Fahren folgte stundenlanger Stillstand, weil entweder Lokomotiven fehlten, das Personal unklare Instruktionen erhalten hatte oder weil wieder einmal Militärtransporte auf der Strecke bevorzugt abgefertigt wurden. Die Atmosphäre unterwegs glich der in einem Wanderzirkus. Mitunter gab es in einem der Waggons Ärger, dann mußten Knokkus, John oder ich als Schiedsrichter eingreifen und, wenn nötig, die Kampfhähne trennen. Es gab unter den Mitreisenden auch etliche »falsche Passagiere«, und manchmal wurde ein Ex-SS-Mann kahlgeschoren und derart malträtiert, daß wir dazwischengehen mußten. Eine Holländerin, die hochschwanger an einer der vielen Stationen, die wir passierten, zugestiegen war, schenkte zwischen Sosnowicz und Krakau einem kräftigen Jungen das Leben. Knokkus und ein junger Mann, der angeblich vier Semester Medizin studiert hatte, fungierten als Geburtshelfer. Nach der Entbindung stellten sie eine Geburtsurkunde aus, damit das Baby auf dem Standesamt in Holland keine Probleme bekam. Mit Feierlichkeiten wegen der Geburt hielten wir uns allerdings zurück, weil wir vermuteten, daß die junge Mutter während des Krieges nicht ganz sauber gewesen war.

In jedem Waggon gab es einen Kachelofen, der zum Heizen und zum Aufwärmen der Mahlzeiten diente. Das Ofenrohr führte durch eine Öffnung im Dach ins Freie. An Brennstoff fehlte es meistens nicht, obwohl das Organisieren von Kohle nicht ungefährlich war. Wenn unser Zug neben einem der langen Güterzüge zum Halten kam, die von den polnischen Kohlebergwerken gen Westen rollten, konnte ein Wagemutiger schnell mit einer Kiste auf den benachbarten Kohleberg springen, um neuen Vorrat zu holen. Oft setzte sich einer der beiden Züge allerdings währenddessen in Bewegung, und dann mußte mit halbvoller Kiste in aller Eile der Rückzug angetreten werden. Es kam aber auch vor, daß der Wächter des Kohletransports, der in seiner Ecke auf dem letzten Wagen von Schnaps und sexuellen Abenteuern träumte, auf den Dieb zu schießen begann. Dann mußte der sich auf den Kohlen auf den Bauch werfen, bis das Magazin leergeschossen war. Trotz dieser Risiken gab es aber immer genug Freiwillige für das Kohleabenteuer.

Einmal ereignete sich ein besonderer Zwischenfall, als ein vollbesetzter Zug mit russischen Frontsoldaten auf dem gegenüberliegenden Gleis eingefahren war. Nur wenige von ihnen waren noch nüchtern. Nachdem wir einander eine halbe Stunde lang beschnuppert hatten, kamen die Russen zu der Ansicht, daß wir deutsche Kriegsgefangene seien, die einmal ordentlich verprügelt werden müßten, und schon griffen zweihundert kräftige betrunkene Männer unseren Zug an. Wir versuchten, sie mit Tritten und Stößen fernzuhalten, was anfangs auch ganz gut gelang, weil die Russen nur blind um sich schlugen. Auf die Dauer aber konnten wir unsere Position angesichts der Aggressivität der Gegenseite nicht halten. Da begriff offenbar der Zugkommandant unserer rachsüchtigen Nachbarn, daß die Situation außer Kontrolle geriet. Die Lokomotive auf dem anderen Gleis pfiff dreimal und setzte sich mit voller Kraft in Bewegung, woraufhin unsere Verfolger ihrem Zug eiligst nachzulaufen begannen. Hernach ließen sie die »Nemez«, wie sie uns titulierten, lieber in Ruhe.

Nach dreizehntägiger rumpelnder Fahrt voller ernster wie komischer Begebenheiten standen wir sehr lange bei Czernowitz in der Bukowina, dem Dreiländereck zwischen Polen, Rußland und Rumänien. John stieg aus, um sich nach dem Grund zu erkundigen, und entdeckte, daß die Lokomotiven abgekoppelt und verschwunden waren, ebenso der russische Kommandowagen mit dem Piloten, seiner Freundin und den Nahrungsmitteln. Durch den Zustrom von Mitreisenden waren wir mittlerweile auf eine Gruppe von sechshundert Holländern angewachsen. Wir nahmen Kontakt zum Ortskommandanten auf, der uns mitteilte, daß wir von nun an von russischen statt von polnischen Lokomotiven befördert werden würden. Im Augenblick sei allerdings noch nicht absehbar, wann sie eintreffen würden. Wir wurden daher vorläufig in einer Kaserne in der Innenstadt einquartiert.

Für uns als Gäste des Infanterieregiments wurde gut gesorgt. Die Schlafsäle waren sauber und geräumig, ebenso wie die Dusch- und Waschräume. Das Essen aus der Regimentsküche war ausreichend und schmackhaft, obwohl sich einige über »die ewige Gerste mit Hammelfett« beklagten. Wir versahen sie mit anderen Nahrungsmitteln, die wir durch Tauschgeschäfte organisierten, und nach einer Woche gab es keine Klagen mehr.

Unseren Uniformen hatten wir fünf es zu verdanken, daß der Kommandant uns als Dauergäste in die Offiziersmesse einlud. Unter den Offizieren und Leutnants der drei in Czernowitz stationierten Regimenter nahmen wir das Abendessen an langen Tischen bei romantischem Kerzenlicht ein. Die Stimmung war ausgelassen, denn der Sieg über die Deutschen stand kurz bevor. Wir beteiligten uns trotz der Sprachschwierigkeiten an der Unterhaltung und hörten grauenhafte Kriegserlebnisse von den Schlachtfeldern bei Stalingrad, Leningrad, Belgrad und Charkow. Die übrigen Themen, um die es ging, waren glücklicherweise eher leicht und frivol.

Das Hauptgericht, meist Gerste mit Gulasch, war für alle Insassen der Kaserne gleich. In der Offiziersmesse wurde es mit einem zusätzlichen Stück Hammel- oder Schweinefleisch auf großen Steingutplatten serviert. Die Bedienung war vorbildlich. Oft bekam ich eine so große Portion aufgetischt, daß ich mir ernsthafte Sorgen über die Folgen machen mußte. Als ehemaliger Hungerleider aus dem KZ betrachtete ich es ja als Todsünde, Nahrungsmittel verkommen zu lassen.

An einigen Abenden in der Woche gab es hier auch Gesang und Tanz. Kräftige junge Leutnants in farbenfrohen Trachten gaben, von einer Harmonika und zwei Gitarren begleitet, mit wildem Temperament nationale Tänze zum besten. Händeklatschend und mitsingend feuerten die Zuschauer sie zu außergewöhnlichen Leistungen an. Am Ende fielen die Tänzer völlig außer Atem in ihre Sessel. Einmal erschien uns zu Ehren sogar eine Sängerin, die zu einem seltsamen Saiteninstrument melancholische Lieder erklingen ließ. Einige Tischgenossen, die schon etwas angetrunken waren, legten schluchzend den Kopf auf die Arme. Jeder gewöhnliche Abend aber wurde mit gemeinsamem Gesang beschlossen, und obwohl wir als Holländer weder Text noch Melodie kannten, versuchten wir aus Höflichkeit nach Kräften mitzusingen.

Von der Möglichkeit, mit einem Ausgehschein die Stadt zu besuchen, machten wir fünf regen Gebrauch. Einmal entgingen wir in einem rauchigen Tanzlokal nur knapp einer Schlägerei, nachdem ich dort aus Übermut den Pianisten von seinem Platz verdrängt und mich selbst ans Klavier gesetzt hatte. Ich spielte wie ein Besessener und fühlte mich nicht länger als armseliger Remigrant. Das Musizieren war wie eine Befreiung für mich. Aber wegen der Mädchen, die sich danach an unseren Tisch setzten, kamen wir in Schwierigkeiten und mußten uns zwischen geballten Fäusten und finsteren Drohungen eilig aus dem Staube machen. Ein andermal, als ich allein in der Altstadt unterwegs war, sah ich auf einem Platz vor dem Verwaltungsgebäude der jüdischen Gemeinde eine lange Schlange von Juden stehen. Viele Männer trugen schwarze Hüte, schwarze Bärte und Schläfenlocken, die Frauen waren auch schwarz gekleidet und trugen Perücken. Es waren armselige Wesen, denen die Angst noch in den Knochen steckte.

Wegen meiner Uniform gelangte ich sofort ins Gebäude. Ein alter Rabbiner empfing mich und bot mir einen Stuhl an. Bereitwillig beantwortete er meine Fragen. Alle, die die Zeit der deutschen Besatzung überlebt hatten, wollten weg, weit weg, sagte er. Am liebsten zu Verwandten nach New York oder sonstwohin. Er erzählte mir von der Hölle, durch die sie in den südeuropäischen Ländern, Ungarn, Griechenland und Rumänien, gegangen waren. Im Gegenzug erzählte ich ihm, was ich mitgemacht hatte.

Doch das Gespräch lief nicht gut. Mir wurde klar, daß der Rabbiner mich wegen meiner Uniform höchst verdächtig fand. In dieser Kleidung hätte ich mich bei ihm wohl lieber nicht sehen lassen sollen.

Nach 14 Tagen trafen die Lokomotiven ein. Nachdem wir uns bei unseren Gastgebern herzlich bedankt hatten, zog die Gruppe von sechshundert Mann zum Eisenbahngelände. Hier erlebten wir eine gewaltige Überraschung. Denn nicht einmal eine halbe Stunde nach unserer Ankunft marschierte eine Gruppe von zweihundert weiteren Holländern zum Perron. Unter ihnen entdeckte ich Gerard und meine sieben anderen Leidensgenossen aus Wörlitz. Sie alle konnten natürlich bei uns im Kommandowagen Platz nehmen, und während der folgenden dreitägigen Reise nach Odessa hatten wir genug Gelegenheit, uns über unsere Erlebnisse auszutauschen.

Ohne größere Zwischenfälle gelangten wir zur Hafenstadt am Schwarzen Meer. Die Stadt hatte schwer unter dem Krieg gelitten, Bombenkrater und übel zugerichtete Häuserblöcke gaben einen nachhaltigen Eindruck davon. Hier konnten die zweitausend Heimkehrer aus den Zügen keinen Platz finden. Die Russen brachten uns vielmehr in ehemalige Sanatorien am Schwarzen Meer.

Das große Gebäude, in dem wir untergebracht waren, lag zwischen hohen Pinien am Strand. Es gab kaum Betten, und wir mußten uns mit Matratzen am Boden begnügen. Viel Personal war nicht vorhanden, nur in der Küche gab es eine Truppe, die für unsere Mahlzeiten sorgte. Außer den Franzosen, Belgiern, Briten und uns Holländern waren schon Tausende aus anderen Nationen anwesend. Allgemein herrschte eine herzliche und hilfsbereite Stimmung.

Alle Gebäude waren durch Stacheldrahtzäune von der Außenwelt abgeschnitten. An den Wachposten kam man nur mit einem Passierschein des Kommandanten vorbei, der in einem kleinen Büro irgendwo auf dem Gelände hauste. Wir entdeckten aber schnell, daß die Wachposten Schwierigkeiten mit dem Lesen und Schreiben hatten, und daraufhin fertigten wir unsere Passierscheine der Einfachheit halber selbst an. Im nachhinein betrachtet, war das ein riskantes Unternehmen, aber es kam glücklicherweise nie zu Zwischenfällen – nicht einmal am 1. Mai, als wir uns davonmachten, um uns in Odessa die Parade anzusehen.

Zusammen mit Gerard gingen wir mit unseren selbstgebastelten Scheinen an den Wachposten vorbei. Es herrschte herrliches Sommerwetter. Sorglos schlenderten wir den Weg entlang, der vom Meer zur Stadt führte. Links und rechts lagen die Ferienhäuser der Wohlhabenden vergangener Zeiten. Sie waren in einem sehr schlechten Zustand. Nach einer dreiviertel Stunde kamen wir in bewohnte Gegenden, es war ein aschgrauer Stadtteil. Die Läden hatten fast nichts anzubieten, im

Schaufenster eines Bäckers lagen anstelle von Rosinenbrötchen oder Keksen Fotos von Stalin. Beim Schuster, beim Gemüse- und Lebensmittelhändler sah es nicht anders aus: Stalin, Stalin, Stalin, Stalin. Wir gelangten zum Markt, wo ärmliche Männer und Frauen unansehnliche Artikel an den Mann zu bringen versuchten. Kranke, magere Hühner und verfaultes Gemüse wurden zu hohen Preisen angeboten.

Bald kamen wir auf eine breite Allee. An den Absperrungen erkannten wir, daß die Parade hier vorbeikommen würde. Es standen wegen der frühen Stunde aber erst wenige Leute dort. Wir stellten uns neben eine Tribüne, deren Baldachin mit Hammer und Sichel und mit Blumen geschmückt war.

Gegen zwölf Uhr hatten sich viele Zuschauer versammelt, sie standen nun in dichten Reihen. Plötzlich fuhren fünf schwarze Limousinen an der Tribüne vor. Aus dem ersten Wagen sprangen vier Sicherheitsbeamte, dem zweiten entstieg ruhig eine offenbar bedeutende Persönlichkeit. Der Blick, der Gang und die gesamte Erscheinung dieses Mannes strahlten Macht und Einfluß aus. Er betrat die Tribüne. Seine Begleiter, Hauptleute, Leutnants und Majore, beeilten sich, so nahe wie möglich bei ihm Platz zu nehmen. Nach einer Weile wurde uns klar, daß sich soeben ein leibhaftiger General höchstpersönlich unter dem Baldachin niedergelassen hatte. Wir schwiegen ängstlich und hofften, daß niemand von der hohen Gesellschaft entdecken würde, daß ganz in ihrer Nähe Untertanen der Königin Wilhelmina standen, die gegen ausdrücklichen Befehl in die Stadt gegangen waren.

Ganz glücklich fühlten wir uns nicht dabei, aber wir hatten keine Zeit, lange darüber nachzudenken. Denn jetzt zog die Parade vorbei. Vorn gingen Delegationen der Metallindustrie, des Schiffbaus, des Maschinenbaus, der Holzindustrie und des Bauernstandes, festlich geschmückte Repräsentanten des arbeitenden Volkes. Einige Gruppen trugen Baumwoll-Overalls, andere weiße Blusen mit blauen Hosen oder Röcken. Wir hätten sie für die Mitglieder von Sportvereinen gehalten, hätten wir es nicht besser gewußt. Danach beherrschte das Militär die Szene, und die Freude über den sicheren Sieg über die Deutschen brach sich Bahn. Mir wurde noch einmal deutlich, daß ich im KZ krepiert wäre, wenn mich die Russen nicht gerade noch rechtzeitig befreit hätten. Ich sah große und kleine Panzer, Geschütze von unterschiedlichem Kaliber, einige wurden von Traktoren, andere von Pferden gezogen. Zum Schluß marschierten Infanterie-Regimenter und -Kompanien vorbei, deren Kommandanten ihnen voranschritten. Der General stand die ganze Zeit mit unbewegter Miene da, reglos die Hand an der Mütze. Zu unserer Erleichterung fuhren bald darauf die Limousinen wieder vor, und die Gefahr von Ärger auf allerhöchstem Niveau war vorüber.

Am 5. Mai 1945 wurde eine Gruppe von 25 Mann ins Büro des Kommandanten von Odessa beordert. Er gab uns zu Ehren einen Empfang: Holland war befreit! Die Russen kamen, um uns zu gratulieren. Am folgenden Tag dann feierten wir die Befreiung mit einem Tanzfest am illuminierten Strand. Fast alle achthundert Landsleute sowie französische und belgische Freunde waren dabei. Auch russische Militärs und eine große Anzahl russischer Frauen und Mädchen waren erschienen. Zur Feier unserer Befreiung machte der Kommandant eine Ausnahme von der Regel, die den Kontakt mit Einheimischen verbot. Es tat mir sehr leid, daß ich wegen meines Beines, dessen Zustand sich aufgrund des vielen Herumlaufens wieder verschlechtert hatte, keinen Walzer oder Foxtrott tanzen konnte. Aber ich konnte doch wenigstens bei einem Gläschen Wein plaudern.

Die Russen erwiesen sich als Virtuosen auf der Tanzfläche, nur die wenigsten Holländer konnten da mithalten. Dennoch gab es keinerlei Zwistigkeiten, im Gegenteil, es war ein harmonisches, strahlendes Befreiungsfest. Unter den Klängen der russischen und der holländischen Hymne endete es um zwei Uhr nachts, und wir begaben uns, vom leichten Rauschen des Meeres begleitet, in unsere Quartiere.

III

Das Befreiungsfest war vorüber, und wir hatten immer noch nichts von unserer Botschaft gehört. Wir machten uns ernsthaft Sorgen, daß wir am Ufer zurückbleiben würden, wenn das heißersehnte Schiff, von dem jetzt überall die Rede war, mit Kurs auf Westeuropa ausliefe. Also beschlossen wir, ein Telegramm an den Vertreter Ihrer Majestät in Moskau zu schicken. Wenn es auch vielleicht nichts nützte, so konnte es doch nichts schaden. Wir nahmen an, daß ein englischsprachiger Text am ehesten durch die Zensur käme, und daher schickte Knokkus folgenden Text ab: »For the Ambassador. 820 Dutchmen among whom ten officers eagerly wait for their departure at Odessa. Please do everything to make them leave as soon as possible, if necessary with transshipment at Naples or elsewhere – Fabius.«

Wir waren sehr erstaunt, daß wir bereits am 8. Mai eine Antwort erhielten, in der es hieß, alle Vorbereitungen für unsere Rückkehr nach Holland seien getroffen. Sobald mit Erlaubnis der Alliierten die Verschiffungsaktion organisiert sei, würde unsere Abreise vonstatten gehen. Der Botschafter stehe mit den beteiligten Mächten deswegen in Kontakt.

Am 20. Mai erfuhren wir von einem französischen Kollegen, daß bald ein Transportschiff in Odessa eintreffen sollte, das Franzosen, Belgier und Holländer in einen französischen Mittelmeerhafen bringen würde. Zwei Tage später wiederum hieß es, diese Information sei unzutreffend, und nach weiteren zwei Tagen erschien in größter Hast eine Ordonnanz und gab den Befehl aus: »Sofort alles packen und im Eilmarsch zum Hafen.« Das Schiff sei soeben angekommen und würde noch am gleichen Abend auslaufen.

Ich muß nicht eigens erwähnen, daß es für mich unmöglich war, mit einer Truppe, die sich im Eiltempo über einen Sandweg vorwärtsbewegte, Schritt zu halten. Glücklicherweise konnte ich mit einigen anderen auf dem Gepäckwagen fahren, der im ersten Gang hinter den Marschierenden herfuhr. Nach eineinhalb Stunden erreichten wir das Hafenbecken und gelangten nach vielem Fragen und Suchen zu einem gigantischen australischen Truppentransporter, der »Monoway«. Über eine steile Gangway kletterten wir an Bord.

Dort wurden wir von vierzig Matrosen in tadellosen Uniformen empfangen. Die weißen Mützen und die gestärkten Kragen bildeten einen krassen Kontrast zur eilends zusammengerafften, verschmutzten Kleidung der Ankommenden. Der Kapitän-Leutnant zur See, der mit seinen Matrosen die Ankunft der Passagiere beobachtete, pickte uns fünf heraus und wollte wissen, was die russischen Tuniken zu bedeuten hätten. Nachdem Knokkus es ihm erklärt hatte, forderte der Kapitän uns auf, uns beim Zahlmeister australische Uniformen aushändigen zu lassen. »Ihre russische Kleidung könnte an Bord Verwirrung stiften«, lautete seine Begründung. Unsere Metamorphose war innerhalb von dreißig Minuten vollzogen. Danach erfuhren wir, daß wir außer der anderen Kleidung nun auch neue Aufgaben hatten. Mir wurde die Verantwortung für zweihundert Personen auf dem Deck A3 übertragen. Ich hatte dort für Ruhe und Ordnung zu sorgen und mußte bei Gefahr die entsprechenden Maßnahmen treffen.

Die meisten Leute auf ›meinem‹ Deck kannte ich schon vom Zug her. Ein paarmal am Tag machte ich einen Kontrollgang. Den Gedanken, daß ich im Hinblick auf Ordnung und Sauberkeit hier etwas verbessern könnte, hatte ich mir gleich aus dem Kopf geschlagen.

Als Truppendeck-Offizier hatte ich meine eigene Kabine und aß zusammen mit den anderen Offizieren. Mir war bewußt, daß mir einige der Passagiere, die mit mir zusammen im KZ im Dreck gelegen hatten, diese Vorzugsbehandlung mißgönnten. Ein Matrose machte mir mit geradezu künstlerischer Perfektion das Bett. Nach dem Aufenthalt in dem schmutzigen russischen Sanatorium war mein Dasein nun in eine fast übernatürlich saubere Sphäre entrückt. Kaum wagte ich, meine schwieligen grauen Lagerfäuste auf das fleckenlos weiße Tischtuch zu legen. Das elegante Service und die glänzenden Schüsseln, der Toast, der zwischen Servietten aufgetragen wurde, all das glich Objekten aus einer anderen Welt, und die entspannte Selbstverständlichkeit, mit der sich die Offiziere auf den dicken Teppichen zwischen Kristallkaraffen mit Sherry und Whisky bewegten, schien mir eher einem Film als der Realität zu entstammen.

Bei schönstem Frühlingswetter fuhren wir durch das Schwarze Meer, das so blau, so friedlich und lieblich war, daß ich mich im siebten Himmel wähnte. Wir gelangten zum Bosporus und sahen das malerisch erleuchtete Istanbul im Abendschimmer liegen. Hier ging die »Monoway« vor Anker. Türkische Offiziere kamen an Bord, um die Formalitäten zu regeln, Bootshändler umrundeten das Schiff und kletterten manchmal für ein Geschäft an Bord. Als wir dann wieder auf See waren, konnte einer unserer KZ-Kameraden das Glück der Freiheit auf dem australischen Schiff und das herrliche Frühlingswetter offenbar nicht mehr ertragen. Er bekam einen Koller und sprang über Bord. Er verschwand in den Wellen, niemand konnte ihn aufhalten.

Am 30. Mai 1945 kam die »Monoway« in Marseille an. Tausende standen in der Mittagssonne am Kai. Die Matrosen machten das Schiff fest, der Laufsteg wurde angelegt, und Frankreich empfing seine »Déportés politiques« wie Helden. Die Belgier und Holländer wurden in diese Ehrung miteinbezogen. Ein Fanfarencorps mit seltsamen Kopfbedeckungen, goldenen Epauletten, Pauken und Trompeten spielte die Marseillaise und danach die belgische und die holländische Hymne. Ein Empfangskomitee, bestehend aus Herren in Jacketts und Damen in schlichter Garderobe, betrat den Laufsteg; eine Menge Abholender folgte ihnen. Es wurde geküßt und gejauchzt. Enttäuschte, die vergeblich gewartet hatten, wandten sich ab, nicht selten mit Tränen in den

Augen. Ein pomadisierter Herr von Rang und Namen hielt eine Ansprache, durch den Lautsprecher konnte ich wenigstens das Wichtigste verstehen: »Soyez les bienvenues – bonne santé – une vie nouvelle – liberté!« Schließlich lud uns der Sprecher zu einem Mittagessen ein, das in einem Warenschuppen zwei Kilometer vom Schiff entfernt serviert werden sollte.

Alle machten sich nun bereit, von Bord zu gehen. Mir aber machte wieder einmal mein Bein einen Strich durch die Rechnung. So blieb ich an Deck, bis alle Teilnehmer des Mittagessens gegangen waren. Dann verabschiedete ich mich von den Offizieren, mit denen ich während der Reise besonders gut ausgekommen war. Als Einzelgänger im einfachsten Sinne des Wortes ging ich an Land.

Ich beschloß, den Weg zum Bahnhof einzuschlagen. Auf den groben runden Pflastersteinen kam ich allerdings nur mühsam vorwärts. Nach zehn Minuten sank ich auf der Terrasse einer Seemannskneipe an einem wackligen Tisch auf einen rostigen Stuhl. Ich sagte dem Wirt, daß ich nur Rubel bei mir hätte. Er brachte mir daraufhin einen Espresso und ein Brötchen, bezahlen mußte ich nichts. Er freute sich einfach mit mir, daß ich alles schließlich doch noch heil überstanden hatte, und als ich wieder gehen wollte, fragte er mich, ob ich mich nicht erst noch für eine Stunde in seinem Hinterzimmer hinlegen wolle. »Sie sehen müde und erschöpft aus«, sagte er. Nach einigen Stunden auf einem alten Diwan setzte ich meinen Weg durch das Hafenviertel fort.

Auf dem ersten Bahnsteig des Bahnhofs von Marseille stand ein Militärzug mit Bestimmungsort Paris. Ein Unteroffizier führte das Kommando. Nachdem ich ihm einiges von Odessa, der »Monoway« und meinem Verlangen, nach Hause zu kommen, erzählt hatte, wies er mir einen Platz in einem Abteil der ersten Klasse an. Ein englischer Oberst und ein kanadischer Major hatten bereits die Fensterplätze besetzt. Sie waren korpulent, und ihre Gesichter waren rot angelaufen. Meinen Gruß erwiderten sie nicht unfreundlich, aber ich sah ihren Gesichtern an, daß sie sich nicht näher mit mir abgeben wollten. Sie zogen an ihren Pfeifen, lasen und nahmen abwechselnd Schlucke aus einer Cognacflasche, die zwischen ihnen stand. Ich machte es mir auf einem der freien Plätze bequem, um mein Mittagsschläfchen fortzusetzen.

Kurz vor Abfahrt des Zuges betrat eine Französin das Abteil. Sie war um die Dreißig, nicht besonders hübsch und auch nicht besonders elegant. Aber sie hatte liebe Augen und wirkte gepflegt. Meine beiden Mitreisenden erwiderten ihren Gruß und konzentrierten sich dann wieder auf ihre Lektüre, die Pfeifen und die Cognacflasche. Der Zug setzte sich in Bewegung und beschleunigte rasch.

Nach einer Stunde Fahrt begann es zu dämmern, in den Abteilen gingen die Lämpchen an. Als es draußen ganz dunkel geworden war, begannen die beiden Offiziere, ihre Schnürsenkel zu lösen, ihre Jacken auszuziehen und die Gürtel zu lockern. Der Oberst zog das obere Bett aus der Wand des Abteils und kroch zwischen die Leintücher. Nach kurzer Zeit schon schnarchte er. Der Major folgte seinem Beispiel.

Das Mädchen und ich unterhielten uns flüsternd, um die Schlafenden nicht zu stören. Sie zog ein paar belegte Brote aus ihrer Tasche und bot mir eines davon an. Ich bedeutete ihr, sich neben mich zu setzen. Sie tat es und legte ihren Kopf an meine Schulter. Ich roch den Lavendelduft ihres Parfüms und fühlte ihr welliges Haar an meiner Wange. Sie schob ihre Hand in meine und küßte mich auf den Hals. Etwas später fiel sie an meiner Schulter in Schlaf, als kenne sie mich schon seit Jahren. Nach einer halben Stunde erwachte sie wieder. Sie zog ihren Rock aus, legte sich auf die Bank und forderte mich auf, mich neben sie zu legen. Natürlich wollte ich das auch, aber ich war nervös und unsicher. Ich wußte nicht, wohin mit mir. Schüchtern drückte ich einen Kuß auf ihren Mund. Sie lächelte ermutigend und umschlang mich mit Armen und Beinen. Aber ich versagte. Nach den Demütigungen, dem Hunger und den Entbehrungen im Konzentrationslager war ich zu sexuellen Beziehungen noch nicht wieder fähig. Ich hatte kein Vertrauen mehr in meine Männlichkeit. Wie zwei Kinder lagen wir uns also im Zug in den Armen. Ich küßte sie auf Nase und Stirn. Das war alles.

In den frühen Morgenstunden löste sie sich von mir. Im Schimmer des Lämpchens sah ich ihre durchscheinende Unterwäsche und ihre hübschen schlanken Beine, und plötzlich begehrte ich sie doch. Aber nun war es zu spät. Marlène verließ mich. Sie zog sich schnell an und brachte ihre Frisur in Ordnung. Nachdem wir uns zum Abschied geküßt hatten, verließ sie den Waggon an der letzten Station vor Paris.

Der Zug setzte sich wieder in Bewegung. Ich hing aus dem Fenster am Gang, auf dem Perron von Melun stand Marlène. Sie winkte und warf mir Kußhände zu, ich winkte wie ein Besessener zurück, als wollte ich sie damit zu mir zurückholen. Erst als sie als ein kleiner Punkt in der Ferne verschwunden war, schloß ich das Fenster und kehrte auf meinen Platz zurück.

Eine Viertelstunde später, gegen halb sechs, schritt ein Bahnangestellter mit einer Glocke die Abteile ab, um die Schlafenden zu wecken. Wir näherten uns unserem Bestimmungsort. Ich glaubte, den beiden Offizieren, die trotzdem weiterschliefen, einen Gefallen zu tun, indem ich sie wachrüttelte. Sie aber sahen mich nur wütend an, zogen sich rasch an und aßen schmatzend ein paar belegte Brote. Als der Zug quietschend und pfeifend im Gare de Lyon zum Halten gekommen war, verschwanden sie eilig unter unverständlichem Gemurmel. Nach dem Prinzip »Tu' es, aber laß dir nichts anmerken« hatte der Oberst allerdings diskret zwei kleine Beutel auf seinem Sitz zurückgelassen. Der eine enthielt Brot, der andere Corned beef. Da er keine Instruktion dazugelegt hatte, für wen der Proviant bestimmt war, eignete ich mir die Säckchen ohne weitere Umstände an und ließ es mir schmecken. Dann nahm ich meinen Koffer und die Krücken und verließ den Zug. Ich folgte den Schildern zum Ausgang.

Trotz der frühen Morgenstunde stand dort eine Dame mittleren Alters mit einer Armbinde, auf der »Centre d'acceuil« zu lesen war. Sie stellte mir ein paar Fragen und gab mir dann eine Karte, mit der ich in ein Hotel in der Rue d'Artois einziehen konnte. Ich sollte mich dort wegen einer medizinischen Untersuchung, Kleidung und Geld am Empfang melden.

Vor dem Bahnhof standen Autobusse für heimkehrende »Déportés politiques« bereit. Ich bestieg einen der Wagen, in dem bereits eine bunt zusammengewürfelte Gesellschaft Platz genommen hatte. In dem verlotterten kleinen Hotel wurde ich freundlich empfangen. Das Einzelzimmer, das ich erhielt, war schmutzig und muffig, aber ich schlief sehr gut darin. Am folgenden Tag ging ich zur Untersuchung, die zum Glück keine ernsthaften Schäden ergab. Im Empfangszentrum bekam ich ein Hemd, einen gestreiften Pyjama, zwei Taschentücher und einen Hut. Anzüge in meiner Größe gab es nicht mehr. Man wollte mir aber einen zurücklegen, sobald neuer Vorrat einträfe. Danach erhielt ich eine Anzahl französischer Banknoten, mit denen ich vorläufig meinen Lebensunterhalt bestreiten konnte.

Ich beschloß, mich bei der holländischen Botschaft zu melden, obwohl ich mir nach der Erfahrung in Rußland eigentlich nichts davon versprach. Erwartungsgemäß wurde ich dort denn auch vom zweitjüngsten Beamten empfangen, höhere Ränge blieben nach wie vor für einen beinlahmen Globetrotter unerreichbar. Immerhin aber gab mir der Botschaftsangestellte einen wichtigen Hinweis. »Nach Ihrem Namen zu urteilen«, sagte er, »lebt im Hotel ›Henri Quatre‹ ein Verwandter von Ihnen. Er ist ein hohes Tier hier in Paris, Mitglied des alliierten Versorgungskomitees.« Der junge Mann erlaubte mir zu telefonieren. Ich bekam eine Verbindung mit einer gewissen Milva und verabredete für den übernächsten Tag um 10.15 Uhr ein Gespräch mit dem Oberst.

Zur vereinbarten Zeit meldete ich mich beim Portier des Luxushotels. Er betrachtete mich mit Verachtung, war ich doch kein Gast, den er ehrerbietig behandeln mußte. Sein Verhalten änderte sich jedoch, sobald ich mich als ein Vetter des Herrn Oberst vorstellte. Ich hatte nämlich inzwischen in Erfahrung gebracht, daß es sich bei dem »hohen Tier« um meinen Vetter Benjamin, den früheren Direktor einer englischen Suppen- und Wurstfabrik, handelte, der in diesem Hotel residierte. Zuletzt war er Professor für Lebensmittelkunde an der Universität Cambridge gewesen.

Ich wartete fünf Viertelstunden in einem der kolossalen Ledersessel in der Hotelhalle. Inmitten der edlen Teppiche, Kristalleuchter und Teakholztüren fühlte ich mich, abgemagert, wie ich war, und in meinen halb russischen, halb australischen Kleidungsstücken wie ein Paria. Ich wußte, daß ich Pusteln im Gesicht hatte und meine Wäsche alles andere als sauber war. Um den Oberst dadurch nicht zu irritieren, knöpfte ich meine Uniformjacke bis oben hin zu.

Milva holte mich mit dem Lift ab, wir fuhren in den zehnten Stock. Der Oberst saß hinter dem großen, mit zierlichen Füßen und goldenen Schnörkeln geschmückten Schreibtisch. Ich durfte mich auf einen mit Damast bezogenen Stuhl setzen. Hinter dem Oberst befand sich ein Fenster mit herrlicher Aussicht auf die Dächer von Paris. Ein Butler mit weißen Handschuhen und Kniehosen betrat den Raum und servierte Kaffee und Kuchen. Auf dem Schreibtisch stand ein Foto von Sir Winston mit der unvermeidlichen Zigarre, an der Wand entdeckte ich ein Bild von Königin Wilhelmina, Juliana, Bernhard und ihren Enkelkindern, ein wenig weiter entfernt hing ein Schnappschuß von Roosevelt und Stalin, die sich während der Konferenz in Teheran eifrig die Hände schüttelten.

Nachdem ich Kaffee und Kuchen genossen hatte, begann Benjamin mir Fragen über seine Schwester Bertha, ihren Mann und seinen Bruder Barend zu stellen, Familienangehörige, die von Westerbork aus in den Osten deportiert worden waren. Genauere Angaben mußte ich ihm freilich schuldig bleiben. Alles, was ich ihm sagen konnte, war, daß ihre Überlebenschancen minimal waren. Kurz darauf trat Milva ein, um dem Herrn Oberst mitzuteilen, daß Herr Vlis van Haeringhe in der Halle auf ihn warte. Benjamin sprang auf. Ohne daß ich irgend etwas tun konnte, schob er mich vor sich in den Lift. Während der Fahrt nach unten zog er seine Brieftasche heraus und stopfte mir ein ansehnliches Bündel französischer Francs in die Hand.

In der Halle wartete ein holländischer Diplomat, bei dessen Anblick Benjamin sofort begann, dessen affektiert aristokratische Ausdrucksweise zu imitieren. Sie unterhielten sich ein Weilchen auf diese gekünstelte Art, lachten zwischendurch dröhnend und verschwanden schließlich, ohne sich weiter um mich zu kümmern, im Lift. Selbst durch die geschlossene Tür war ihr erhabenes Geplauder noch zu vernehmen.

In einem der Fauteuils in der Halle dachte ich darüber nach, was ich mit dem Geld anfangen sollte. Ich fühlte mich in meiner Ehre verletzt, was natürlich eine Unverschämtheit war von jemandem, der vor gerade fünf Monaten noch als lebender Leichnam durch den polnischen Schnee gestapft war. Der Portier händigte mir auf mein Verlangen einen Briefumschlag aus Büttenpapier aus; auf der Rückseite befand sich eine Krone, und darunter stand in exklusiven Druckbuchstaben »Henri Quatre«. Ich stopfte die Banknoten meines Vetters hinein und beauftragte einen Hotelangestellten, ihn dem Herrn Oberst zu übergeben. Darauf verließ ich das Hotel.

Nach einer Woche hatte ich mich in der französischen Hauptstadt gut akklimatisiert. Die Boulevards, die großen Gebäude, die Museen und Ministerien, aber auch die einfachen Sträßchen, Geschäfte, Cafés und Varietés beeindruckten mich sehr. Ich genoß es, auf den Terrassen zu sitzen und mich nach hübschen Frauen, Betrunkenen, schicken Herren, Clochards und Artisten umzuschauen. In der zweiten Juniwoche aber bekam ich vom holländischen Militärattaché eine Einladung zu einem Gespräch. Während unserer Besprechung fragte er mich, ob ich am folgenden Tag an der Spitze einer dreizehnköpfigen Gruppe nach Holland reisen wolle. Ich sagte sofort zu.

Am 11. Juni 1945 betrat ich also als Reiseleiter von dreizehn Frauen und Männern den Gare du Nord und bestieg mit ihnen den Schnellzug nach Brüssel. Dort aber gab es keinen Anschluß nach Holland, denn der Zugverkehr war noch nicht völlig wiederhergestellt. So blieben wir in einem Auffangzentrum in der belgischen Hauptstadt, bis wir die Möglichkeit hatten, mit einem Militärlastwagen weiterzureisen.

Am 14. Juni 1945 um 14 Uhr überschritten wir bei Weert die holländische Grenze.

Unvollendete Vergangenheit

Einen Tag später traf ich in Bussum bei der Kontaktadresse ein, an der meine Frau und ich uns verabredet hatten, als wir in Theresienstadt getrennt worden waren. Es handelte sich um eine kleine Villa, in der zwei Freunde meiner Schwiegereltern zusammen mit ihrer Haushälterin und ihrem Hund den Krieg überlebt hatten. Sie hatten Jahr für Jahr weniger zu essen gehabt und schließlich unter Hunger und Kälte gelitten, aber viel ausgestanden hatten sie nicht. Die beiden Männer und die von der Sonne gebräunte Frau waren stark abgemagert. Sie empfingen mich freundlich und boten mir sogleich ihr Gästezimmer an. Hier konnte ich bleiben, solange ich wollte. Ich hatte das starke Bedürfnis, meine Gedanken zu ordnen. In einem Heft, das ich in meinem Zimmer fand, begann ich, einige Erinnerungen an die zurückliegenden Jahre niederzuschreiben, Notizen, die später die Grundlage einiger Kapitel dieses Buches bildeten.

Nach einer Woche herzlicher Gastfreundschaft erhielt ich im Gemeindehaus die Nachricht, daß meine Frau sich in Brüssel befinde. In meiner australisch-russischen Uniform machte ich mich sofort in die belgische Hauptstadt auf. Ich reiste per Anhalter mit privaten Fahrzeugen und Militärlastwagen und ging dann heimlich über die Grenze. Mich um Ausweispapiere zu kümmern, war mir bis dahin noch nicht in den Sinn gekommen.

Als ich im Auffangzentrum in Brüssel ankam, war meine Frau laut Auskunft des Geschäftsführers bereits nach Holland weitergereist. Der Mann hoffte sehr, daß wir von derselben Person sprachen. »Es sind turbulente Zeiten«, sagte er. »Man kann sich leicht täuschen.« Auf dieselbe Weise, wie ich gekommen war, fuhr ich wieder nach Holland zurück.

Bei einem Verwandten in Amsterdam traf ich meine Frau dann tatsächlich wieder. Auch sie hatte Auschwitz und danach einige andere Lager überlebt. Die Deutschen hatten sie zur Arbeit in einer Fabrik für Raketenersatzteile deportiert, die in der Nähe des österreichischen Konzentrationslagers Mauthausen lag. Sie war dort von den Amerikanern befreit und anschließend von Angehörigen der französischen Armee unter General de Lattre de Tassigny auf der Insel Reichenau liebevoll gepflegt worden. Einigermaßen wieder zu Kräften gekommen, traf sie schließlich mit einer Gruppe von Leidensgenossen in Holland ein.

Ich kann und will das Wiedersehen hier nicht im einzelnen beschreiben. Jedenfalls aber waren wir nicht mehr das arglose Paar, das am 19. Juni 1940 von Herrn Borstrock getraut worden war und das mit zweihundert Gulden in der Tasche mit dem Fahrrad auf Hochzeitsreise ging. Unser neues Leben konnte nicht einfach eine Fortsetzung des alten sein. Wenn wir auch nicht zu den Zerrütteten gehörten, die an einem Lagersyndrom litten, so würden doch unsere Erfahrungen mit dem deutschen Terror während unseres weiteren Lebens wie dunkle Stimmen aus einer unvollendeten Vergangenheit immer in uns nachhallen.

Der Autor und seine Frau, Ende Juni 1945

Lebensbilder
Jüdische Erinnerungen und Zeugnisse
Herausgegeben von Wolfgang Benz

Fischer Taschenbuch Verlag
fi 1712 / 8

Moderne
kritische Militärgeschichte

Fischer Taschenbuch Verlag

Nichts gelernt?
Quellen und Folgen des Rechtsextremismus

Wolfgang Balk/
Sebastian Klein-
schmidt (Hg.)
**»Denk ich an
Deutschland...«**
Stimmen der
Befremdung
Band 11838

Friedrich Balke/
R. Habermas/
Patrizia Nanz/
Peter Sillem (Hg.)
**Schwierige
Fremdheit**
Über Integration
und Ausgrenzung
in Einwanderungs-
ländern. Bd. 11882

Wolfg. Benz (Hg.)
**Rechtsextremismus
in Deutschland**
Voraussetzungen,
Zusammenhänge,
Wirkungen
Band 12276

Dan Diner (Hg.)
**Ist der National-
sozialismus
Geschichte?**
Zu Historisierung
und Historikerstreit
Band 4391

Guido F. Gebauer/
B. H. F. Taureck/
Thomas Ziegler
**Ausländerfeind-
schaft ist Zu-
kunftsfeindschaft**
Plädoyer für eine
kulturintegrative
Gesellschaft
Band 11735

Friedrich Hacker
**Das Faschismus-
Syndrom**
Analyse eines aktu-
ellen Phänomens
Band 10775

S. Heenen-Wolff
Im Land der Täter
Gespräche mit über-
lebenden Juden
Band 12080

George L. Mosse
**Die Geschichte
des Rassismus
in Europa**
Band 10237

W. H. Pehle (Hg.)
**Der historische
Ort des National-
sozialismus**
Annäherungen
Band 4445

J. H. Schwagerl
**Rechtsextremes
Denken**
Merkmale und Me-
thoden. Bd. 11465

Ernst Simmel (Hg.)
Antisemitismus
Band 10965

Fischer Taschenbuch Verlag

Deutsche Geschichte im 20. Jahrhundert

Wolfg. Benz (Hg.)
Die Geschichte der Bundesrepublik Deutschland
Vier Bände in Kass.
Band 4424
Die Bände sind auch einzeln erhältlich:
Band 1: Politik
Band 4420
(*z. Z. vergriffen*)
Band 2: Wirtschaft
Band 4421
(*z. Z. vergriffen*)
Band 3:Gesellschaft
Band 4422
Band 4: Kultur
Band 4423

Hermann Glaser
1945
Ein Lesebuch
Band 12527

Herausgegeben von
H.-M. Lohmann
Extremismus der Mitte
Vom rechten Verständnis deutscher Nation
Band 12534

Golo Mann
Deutsche Geschichte des 19. und 20. Jahrhunderts
Band 11330
Zeiten und Figuren
Schriften aus vier Jahrzehnten
Band 3428

Herausgegeben von
W. Michalka/
Gottfried Niedhart
Deutsche Geschichte 1918-1933
Dokumente zur Innen- und Außenpolitik
Band 11250

Rolf Steininger
Deutschland seit 1945
in vier Bänden
Band 1: 1945-1947
Bd. 12841
Band 2: 1948-1955
Bd. 12842
Band 3: 1956-1974
Bd. 12843
(*in Vorbereitung*)
Band 4: 1975-1995
Bd. 12844
(*in Vorbereitung*)

Fischer Taschenbuch Verlag

fi 1707 / 7